NEWTON

Spiritual Teachings on Science from Isaac Newton

「未来産業学」のテーマと科学の使命

ニュートンの科学霊訓

大川隆法

RYUHO OKAWA

まえがき

すでに天上界に昇《のぼ》ったニュートンとしては、この地上の人々の生活が、金魚鉢《きんぎょばち》の中の金魚の生態のように観察できることだろう。

思えば、近代科学は、神の世界から人間の世界を切り離し、小さな家の中で閉じこもって実験を繰り返しているようなものなのだろう。

家の外に出て夜空を見上げてみないことには、星々の存在には気がつかないだろう。

同じように、肉体存在としての自分が百%自分自身だと思っているうちは、未知の世界への眼は開けないことだろう。未来科学への入口を発見するために、あえて「科学霊訓」をぶつけてみることにする。この最初の関門《かんもん》を越えられなければ、未来は、その時が来るまで姿を現さないだろう。

二〇一五年　三月十四日

幸福《こうふく》の科学《かがく》グループ創始者兼総裁《そうししゃけんそうさい》

HSU（ハッピー・サイエンス・ユニバーシティ）創立者《そうりつしゃ》　大川隆法《おおかわりゅうほう》

ニュートンの科学霊訓　目次

ニュートンの科学霊訓《れいくん》

―「未来産業学」のテーマと科学の使命―

二〇一二年五月二十五日　霊示《れいじ》
東京都・幸福の科学　教祖殿《きょうそでん》　大悟館《たいごかん》にて

「霊言現象《れいげんげんしょう》」とは、あの世の霊存在の言葉を語り下ろす現象のことをいう。これは高度な悟《さと》りを開いた者に特有のものであり、「霊媒現象《れいばいげんしょう》」（トランス状態になって意識を失い、霊が一方的にしゃべる現象）とは異なる。外国人霊の霊言の場合には、霊言現象を行う者の言語中枢《ちゅうすう》から、必要な言葉を選び出し、日本語で語ることも可能である。

なお、「霊言」は、あくまでも霊人の意見であり、幸福の科学グループとしての見解と矛盾《むじゅん》する内容を含《ふく》む場合がある点、付記しておきたい。

ニュートンの科学霊訓《れいくん》

―「未来産業学」のテーマと科学の使命―

二〇一二年五月二十五日　霊示《れいじ》

東京都・幸福の科学　教祖殿《きょうそでん》　大悟館《たいごかん》にて

アイザック・ニュートン（一六四三〜一七二七）

イギリスの科学者。「万有引力《ばんゆういんりょく》の法則」の発見で有名。「ニュートン力学（古典力学）」を創始して天体の運動を解明するなど、優《すぐ》れた業績を数多く残し、近代科学の基礎《きそ》を築いた。また、信仰心《しんこうしん》が篤《あつ》く、キリスト教神学に関する研究のほか、錬金術《れんきんじゅつ》の実験も行っていた。過去、アルキメデスとしても生まれた九次元存在。

質問者　※質問順

武田亮《たけだりょう》（幸福の科学副理事長 兼《けん》 宗務《しゅうむ》本部長）

小林恒孝《こばやしつねたか》（幸福の科学理事 兼 国際事務局長 兼 国際本部リスク管理担当局長
〔収録時点・幸福の科学宗務本部第一秘書局部長〕）

斉藤愛《さいとうあい》（幸福の科学理事 兼 宗務本部第一秘書局長 兼 学習推進室顧問《こもん》
〔収録時点・幸福の科学理事 兼 宗務本部学習推進室室長〕）

1 ニュートンに「科学教育」の心構えを訊《き》く

あえてＨＳＵに「未来産業学部」をつくる意味とは

大川隆法　今日（二〇一二年五月二十五日）は、幸福の科学大学（ハッピー・サイエンス・ユニバーシティ　以下、ＨＳＵ）から要望があった「ニュートンの霊《れい》言《げん》」を録《と》りたいと思います。以前から、「ニュートンの霊言が欲《ほ》しい」という要望を頂いていたのです。

科学全般《ぜんぱん》に関して勉強し始めると、きりがなく、そうとう大変なものになるでしょうし、「それほど準備せずに行い、一般の人にも分かる感じにしたほうが、むしろ、よいのではないか」という気もしたので、突然《とつぜん》ですが、本日、収録しようと思っています。

幸福の科学大学（ＨＳＵ）では「未来産業学部」を開くつもりですが、現在いろいろな大学にある理工系の学問を集めてくるだけでは、わざわざ当会がやらなければいけない理由はありません。宗教として、あえて大学（ＨＳＵ）を開学して理系学部を設置するには、それ相応の意味が必要です。それがなければ、設置する必要はないのです。

「近代科学の祖」で、「最後の魔術師《まじゅつし》」でもあったニュートン

大川隆法　当会では、「（霊界《れいかい》で）理科系統のトップにいるのはニュートンではないか」と推定しています。いろいろなものを十分に調べているわけではないのですが、「おそらく、そうではないか」と推定しているのです。
特に、歴史上、記録が遺《のこ》っている時代のなかで、ここ二、三百年ぐらいにおけ

●最後の魔術師　ニュートンの錬金術の研究書を読んだ経済学者ケインズの発言。「ニュートンは“理性の時代”の“最初の人”ではなく、“最後の魔術師だ”」と評した。その研究目的の一つは、「賢者の石（鉛などの卑金属を金に変えることができる霊薬）」の発見だったという。

る科学技術の発展は、そうとうなものです。それ以前の人々は、科学面で、さほど偉《えら》いとは思えないので、基本的に、ニュートンを「近代科学の祖」と考えてよろしいのではないかと思います。

　この人は、今の科学者たちから見ると、「信じられない」と言いたくなるでしょうが、ある意味では「最後の魔術師《まじゅつし》」とも言われています。

　また、表立っては出てきませんが、連綿と続いている、「フリーメイソン」という組織の〝グランド・マスター〟であ

フリーメイソン　十六世紀後半から十七世紀初頭に起きた友愛結社で、世界各国に存在する。アメリカ１ドル紙幣の裏にはフリーメイソンが用いるシンボルと同じ「プロビデンス（摂理）の目」〈上〉が印刷されている。

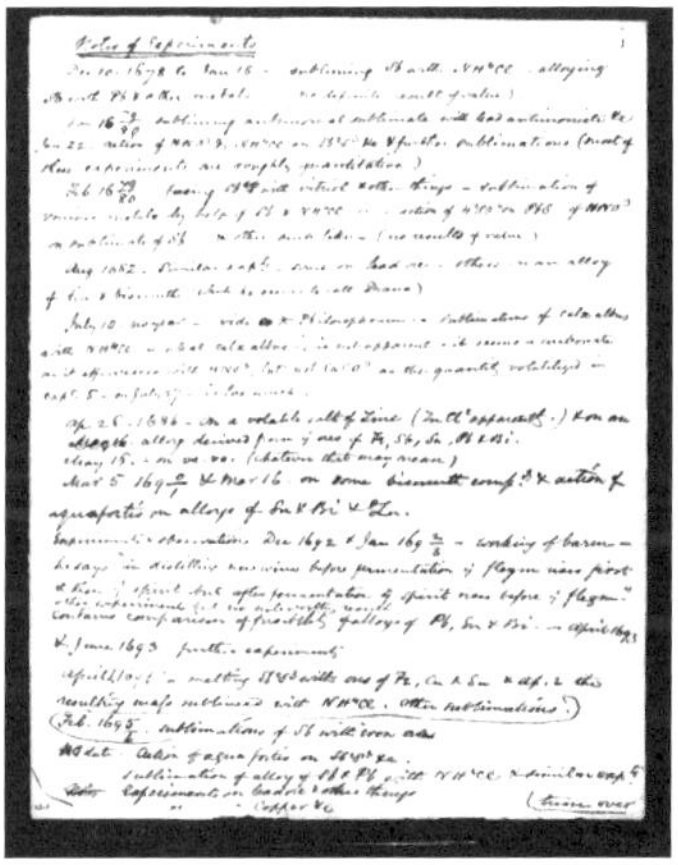

錬金術等、数々の実験結果に関するニュートンの手書き原稿。

ったとも言われています（注。フリーメイソンにつながりのある王立協会の会長を務めていた。また、シオン修道会の総長だったという説もある）。ニュートンは、実は〝大魔術師〟でもあったのです。

フリーメイソンは錬金術《れんきんじゅつ》にもかかわっていたと思われますが、ニュートンは、「科学の基《もとい》になっていった錬金術系にもかかわっているフリーメイソンにおいて、隠《かく》れたリーダーであったのではないか」といわれているわけです。

ただ、彼は、この世的には、科学者としての側面もきちんと持っていて、アインシュタインが現れる以前には、この人が考えた宇宙観・世界観が、だいたい常識となっていました。

また、科学者ではありますが、造幣局長官《ぞうへいきょく》など

ニュートンは造幣局長官時代、当時蔓延していた貨幣の偽造を防止するために、加工したコインを市場に流通させた。また、世界に先駆けて金本位制を導入した。
（上：ニュートンの肖像が刻されたコイン）

も務めました。「役所の長《ちょう》もできた」という意味では、実務能力もあった人ではないかと考えられます。

本当は「霊界大好き人間」なのだけれども、霊界については、〝趣味《しゅみ》の世界〟というか、役所での仕事が終わってからの世界で研究していたようです。

「ニュートン力学」は古典的な科学観として遺っていたと思いますが、アインシュタイン以後、宇宙観・世界観は、いろいろと変わってきているようです。

ただ、詳《くわ》しいことは私にはよく分かりません。「今、いろいろなものが、どのあたりまで進んでいるのか」ということは、よく分からないのですが、「そもそも、出発点において、科学と宗教は分かれていなかった」ということは確認しておきたいと思います。

「科学」と「宗教」が分かれた近代の流れ

大川隆法　「科学」と「宗教」の関係の問題は、さらに遡《さかのぼ》ればデカルトまで行くでしょう。デカルトは、数学とかかわっていましたが、信仰心《しんこうしん》を持っていましたし、霊的能力も持っていました。ただ、「霊肉《れいにく》二元論」の立場を取って霊肉を分けたことが、そのあと少し災《わざわ》いしているのです。

また、カントも「霊界に関すること」と「哲学《てつがく》」とを分けています。

ニュートンも科学に携《たずさ》わってはいますが、霊界の神秘にかかわるところについては表に出してい

『カント「啓蒙とは何か」批判』
（幸福の科学出版）

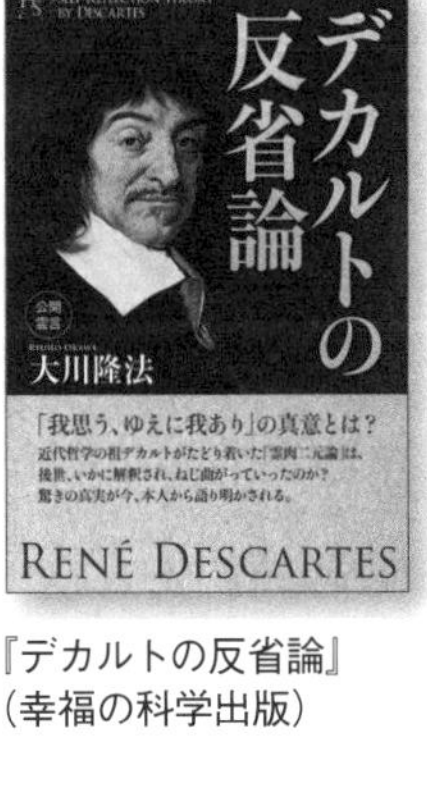

『デカルトの反省論』
（幸福の科学出版）

ません。そこが妙《みょう》な二分法になり、現在、「唯物論科学《ゆいぶつろんかがく》」と「宗教もの」とが完全に分かれている感じになっているのです。

そのため、人々は、魂《たましい》の研究や心の研究のところが分からなくなり、「それは脳細胞《のうさいぼう》や神経の機能だ」という、機械論的な人間観にかなり支配されていると思われます。

しかし、「そうしなさい」と彼ら（デカルトやカントなど）が指導したわけでは決してありません。自分たちが探究できないものから撤退《てったい》し、できる範囲《はんい》のほうに絞《しぼ》り込《こ》んでいっただけのことなのです。

そうした「断念」が、この世的な部分についての研究に進化をもたらした面はプラスだとは思うのですが、一方では、残念ながら、「霊的なものの否定」に向かっている面もあります。

十九世紀の科学者に、●ハクスリーという人がいます。その人が科学教育につい

●トマス・ヘンリー・ハクスリー（1825 ～ 1895）　イギリスの科学者、生物学者。学校での『聖書』の教育普及を提唱する一方、ダーウィンの進化論を支持し、物事の本質は人には認識できないと考える「不可知論」を唱えた。

て書いたものを読むと、当時は科学自体が、今の新興宗教と同様の立場に置かれていたようです。

科学者は、唯物論者的な感じに見え、信仰心がなく霊魂《れいこん》を信じていない「異《い》端《たん》」と思われ、身を縮《ちぢ》めている感じであり、ある意味では、教会から「地獄《じごく》へ堕《お》ちるぞ」と脅《おど》されている〝もぐり〟として、地下活動をしているような状態であったらしいのです。

ところが、それからわずか百数十年の間に立場が引っ繰《く》り返ってしまい、今度は、科学のほうが〝表〟になり、宗教のほうは〝地下〟に潜《もぐ》りそうな雰囲気《ふんいき》にあるわけです。

両者の立場が再び引っ繰り返るチャンスはありました。それは、ソ連邦《れんぽう》という、社会主義で唯物論の国が崩壊《ほうかい》したときです。この冷戦が終わった時点が一つの転《てん》換《かん》点だったのですが、そのあと、中国の台頭《たいとう》や日本の経済的な衰退《すいたい》もあって、まだ勝負がついていないのです。

その意味で科学的な発達だけを求めると、唯物論とは非常に相性《あいしょう》がよいし、実際、車などをつくっていれば、科学を否定できるわけではないので、そちらのほうにばかり目が行ってしまい、どうしても唯物論になるところもあるのですが、「バランスの取れた科学教育」というか、「真実に基《もと》づいた科学教育」ができればよいと考えています。

「科学系統の光線」の長《ちょう》、ニュートンを招霊《しょうれい》する

大川隆法　今日は、霊界のニュートンをお招きして、「科学教育の基礎《きそ》や序論、心構え」をお話しいただきたいと思います。また、未来産業学部は、それなりに発展していくでしょうから、その「方向性」のようなものも、お話しいただければ、ありがたいと思っています。

各論としては、まだ、いろいろなものがあるでしょうし、おそらくは、各分野を担当している、いろいろな霊人《れいじん》が存在しているのだろうとは思うのですが、その元締《もとじ》めに当たるところにニュートンが位置しているのであれば、まずは、「序論」、「総論」に当たるところを教えていただければ幸いです。

幸福の科学大学（ＨＳＵ）に期待することを言ってくださり、また、そこで学ぶ理系の学生諸君へも、「未来への言葉」を何か残してくだされば、ありがたいと思っています。

私は、科学の全領域を十分にカバーできるところまで行《い》っていないので、まことに申し訳ないとは思っていますが、宗教で分かる範囲内において考えてみたいと思います。

（合掌《がっしょう》し、瞑目《めいもく》する）

それでは、当会の指導霊《しどうれい》で九次元大霊《たいれい》であり、また、科学系統の光線の長《ちょう》であると思われる、ニュートンの霊をお呼びします。

ニュートンの霊、流れ入《い》る。

ニュートンの霊、流れ入る。

ニュートンの霊、流れ入る、流れ入る、流れ入る。

ニュートンの霊、流れ入る。

ニュートンの霊、流れ入る。

ニュートンの霊、流れ入る。

（約十秒間の沈黙《ちんもく》）

●科学系統の光線　霊の本質は光であり、地球系霊団の最高次元である九次元世界において、黄金、白、赤、紫、青、緑、銀という七色の特色ある光に分光されている。科学系統は銀色光線であり、ニュートンがその長を務めている。

ニュートン像（母校・ケンブリッジ大学トリニティ・カレッジ）

ニュートンの三大発見といわれる「万有引力」「光の分析」「微分積分法」は、20代の1年半の期間に集中しているが、学会での論争を避け、研究に専念するために、長い間、発表しなかった。しかし、ハレーなどの親しい友人らの強い勧めに心を動かされ、『プリンキピア』（自然哲学の数学的諸原理）全3巻を執筆。約20年を経て、研究成果は日の目を見ることとなった。同書は、物体の運動や引力の原則など、自然界の諸現象を整然と解明し、科学史上、不朽の名著といわれている。

2　科学者に課せられた「緊急《きんきゅう》課題」とは

二十三年ぶりの「ニュートンの霊言《れいげん》」

ニュートン　うーん。

武田　アイザック・ニュートン先生でいらっしゃいますでしょうか。

ニュートン　そうです。

霊言《れいげん》は、（以前にも）したことがあるように思うけどね。

武田　はい。一九八九年です。

ニュートン　ああ、そうですか。

武田　今から二十三年前（収録時点）に霊言を頂きました。そのときには、「科学の本質」「霊界《れいかい》の法則」「宇宙」などについて、まだ世の中に出ていない、非常に興味深い話をしていただいたと記憶《きおく》しております（現在は『大川隆法霊言全集第50巻』〈宗教法人幸福の科学刊〉として刊行）。

ニュートン　うんうん。

武田　あれから二十三年がたち、時代は進みまし

『大川隆法霊言全集 第50巻 ニュートンの霊言』（宗教法人幸福の科学）

た。私たち幸福の科学グループは、大学（ＨＳＵ）を開学すべく、準備を進めているところでございます。

ニュートン　ほう。出世したねえ。君たちは出世した。発展したね。うーん。

武田　はい。発展していると思います。

科学技術面には「人類としてのサバイバル」がかかっている

武田　幸福の科学大学（ＨＳＵ）においては、「ぜひ、今までにない、新しい大学をつくりたい」と考えており、理系の部門として、「未来産業学部」の設置を計画しております。

ニュートン　ほう。

武田　そこでは、新しい科学技術に基《もと》づいて人類の問題を解決したり、未来のエル・カンターレ文明建設に貢献《こうけん》したりできるような研究を行い、また、そのための人材を輩出《はいしゅつ》していきたいと思っております。

ニュートン　うんうん。

武田　そこで、まず、われわれ宗教が理系学部をつくることの意義や、その理系学部の使命について、ニュートン先生のお考えを教えていただければと思います。よろしくお願いいたします。

ニュートン　それは、一言《ひとこと》で言うなら、「サバイバル」だ。サバイバルがかかっているんだよ。

武田　サバイバル？

ニュートン　うん。それは、「日本人としてのサバイバル（生き残り）」でもあるし、「人類としてのサバイバル」でもある。

要するに、「日本人が、あるいは人類が生き残れるかどうか」ということや、そのための戦略が、これにかかっている。理科系統の科学技術面で、ある一線を越《こ》えなければ、おそらく生き残れないと思われる。私は「心の教えも大事」と思っていますけど、人類が、この世で存続《そんぞく》できなくなる可能性があるんだな。あの世では、まだ存続は可能だけどね。

だから、この地上という世界で、三次元という世界で、「人類がサバイバルしていくための必要十分条件」を提供していくことこそ、理系学部の使命だと思う。「サバイバル戦術」としての科学技術、あるいは科学教育が必要であり、その意味では、あらゆるものに関心を持つべきだと思うね。

「国防」「天変地異」「病気」等の危機が迫《せま》っている

ニュートン　今、〝サバイバルの危機〟は、いろいろな面で来ていると思う。

例えば、政治的には、「国防の危機」も一種のサバイバルかもしれない。

それから、「天変地異」ですね。日本人は地震《じしん》や津波《つなみ》を経験していると思うけれども、そうしたことだけではなく、列島や大陸の陥没《かんぼつ》等が起きた場合のサバイバルも、考えなければならない。

あと、「新しい病気」が次々と生み出され、繰《く》り出されてくるだろうと思われる。かつては、人口の何分の一もが死に絶《た》えたり、半分ぐらいが死んでしまったりする病気が流行《はや》った時期もある。ペストやコレラ等がいっぱい流行ったけれども、また、規模の大きな病気が流行ってくる予兆だって感じられてはいるしね。

また、「火山の爆発《ばくはつ》的噴火《ふんか》」もありうるし、天文学的に見れば、「隕石《いんせき》・小惑星《しょうわくせい》等の衝突《しょうとつ》や接近等による異変」が起きることもありうる。そういう意味で、大気の急激な汚染《おせん》もあるかもしれないね。

例えば、天空を砂塵《さじん》や火山灰が覆《おお》うことが何年か続いただけでも、人類にとって大変なことになります。つまり、「恐竜《きょうりゅう》のようになるのかどうか」という問題が当然あるわけだ。

『人類に未来はあるのか』『エドガー・ケイシーの未来リーディング』(共に幸福の科学出版)
黙示録のヨハネ、モーセ、エドガー・ケイシー、ジーン・ディクソンなどの霊言で、国防や天変地異等の危機の予言が次々と降ろされている。

「地球温暖化」という説もずいぶんあったけど、「寒冷化」だって、可能性としては十分にある。また氷河期《ひょうがき》に入る可能性も感じているので、「突如《とつじょ》、氷河期に入ったら、どうやって文明は生き延びるのか」という問題もあるね。

さらには、これは、まだ、現実の科学者が本腰《ほんごし》を入れているかどうか、微妙《びみょう》なところではあるけれども、「宇宙とのかかわり合い」においても危機はある。映画の世界では、エンターテインメントのかたちで、いろいろと情報提供がなされている。

けれども、宇宙人の存在、その出現や到来《とうらい》、地球との交渉《こうしょう》ということになったとき、SFとして楽しんでいる分にはよいけど、それが本当に現実になり、「誰《だれ》が立ち向かうのか」という問題になったときには、そう言ったって、科学者の力が及《およ》ばなければ終わりだと思うね。

だから、科学技術をものすごく急速に発展させなければ、「サバイバル」という概念《がいねん》は維持《いじ》できない可能性がある。

その意味では二十一世紀は危機だ。

「未知なる障害」と対決していく準備を

ニュートン　あなたがたは未来社会をユートピアとして描こうとするけれども、その「ユートピアとしての未来社会」は来ない可能性もある。さまざまな危機が用意されているように私の目には見える。

これを乗り越えていく叡智《えいち》の一部は、やはり科学教育のなかに潜《ひそ》んでいると思うんだな。

予算面や人的な面で限界はあると思うし、世の中からの、いわゆる「常識」による偏見《へんけん》もあろうから、それによる限界もあるとは思うけれども、今言った「未知なる障害」と対決していくための準備をしなければいけない。

それから、「人口の増大が、どういうかたちで最終的に解決されるのか」という問題があるね。

この問題の最終的解決は、戦争によってなされるのか。あるいは、疫病《えきびょう》のようなものが流行ることによって解決されるのか。それとも、宇宙への移住によって解決されるのか。食糧《しょくりょう》の増産等の達成によって解決されるのか。人間の生存状況《じょうきょう》を根本的に改造することで行けるのか。本当に人口調整がうまくいくようになるのか。いろいろな方法がある。

もちろん、それについては、政治的リーダーや宗教家等の判断もあると思うけれども、科学技術に生きる者としては、やはり、選択肢《せんたくし》を用意する義務があると思うんだな。「技術的に不可能」ということであれば、もはや選択肢から消えるので、「こういう方法がありうる。これは可能である」ということを示せる研究をしなければいけないね。

そのへんに「未来産業の基《もとい》」はあると、私は思う。

科学者は一人ひとりが〝小さな救世主〟になりうる

ニュートン　それ以外にも、もちろん、いろいろなものが発展すると思うのですが、すでにあって現実に発展の途上《とじょう》にあるもののなかに参入し、それを広げるだけであれば、あえてあなたがたがやるほどのことではない。

幸福の科学で大学（ＨＳＵ）をつくり、理系学部をつくるならば、何をすべきか。多くの学生たち、子供たちが考えているとおり、当然、霊界とのかかわりを持った科学の研究は必要ではあるけれども、もう一つ、「人類は、この世に生存し続けてよいのかどうか」という根本命題に対する答えを、準備しなければいけないと思うんですね。

人類を、むざむざと終わりにしてはならない。やはり、科学技術の面でも危機に立ち向かっていかなければならないと思う。

要するに、「かつて、イエスだろうが、釈迦《しゃか》だろうが、救えなかったものを、救っていく力が、今、必要だ」ということだと思うね。「科学技術だから、宗教とは関係ない」と思うかもしれないし、科学技術のなかに「大きい」「小さい」はあるかもしれないけど、「一人ひとりが〝小さな救世主〟になりうるのだ」ということだね。

薬《くすり》一つでもそうだ。宗教家ではないかもしれないけれども、「ペニシリン」の発明者だって、ある種の救世主の役割を果たしたかもしれないだろう?

武田　そうですね。

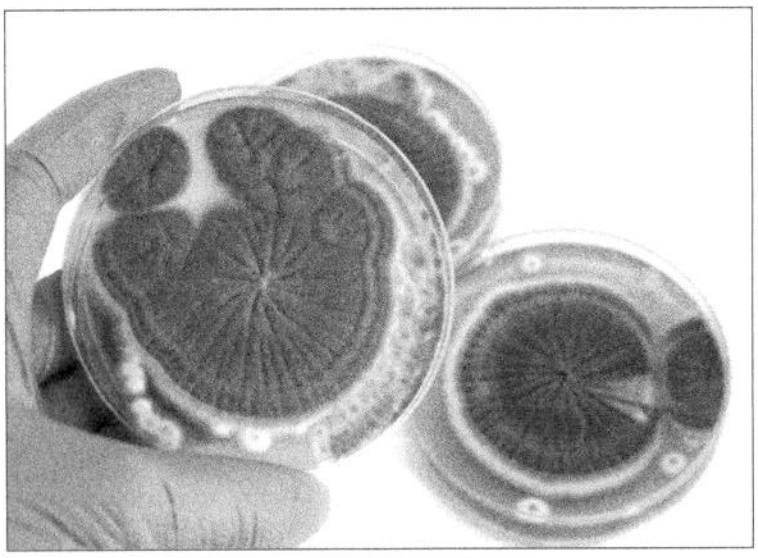

ペニシリン　イギリスの細菌学者フレミングが発見した世界初の抗生物質。ブドウ球菌の培養実験中、偶然に混入したアオカビによって、ブドウ球菌の生育が阻止されていた現象の発見がきっかけとなった。ペニシリンは、第二次世界大戦中、多くの負傷兵や戦傷者を感染症から救い、戦後、日本でも普及して、すべての年齢層で感染症による死亡率が著しく減少した。

ニュートン　ペニシリンなどの抗生《こうせい》物質の発明者たちもそうかもしれないし、食糧の増産に成功した人たちもそうかもしれない。農薬の発明だって、ある意味では食糧の飛躍《ひやく》的増産につながっただろうね。

そういうことは医学のほうにも当然あるだろう。いろいろな、「必ず死ぬ」と決まっていた病気に罹《かか》っても、今では死ななくなってきた面もある。

科学技術は、神のお心や霊界を否定するものになってしまってはいけないとは思いつつも、ある意味で、「異次元からの協力もあって発展する」ということであれば、（宗教と）親和性を持ち、協調することも可能だと思うんだよね。

「世界的に研究されていく源流をつくれ」

ニュートン　私が一言で言うとすれば、「まず緊急《きんきゅう》に必要なことは、人類サバイバルの条件をつくれ」ということ。これが未来産業学部の一つのテーマだと思います。

サバイバルできる条件をつくった上で、その条件の下《もと》に、発展的な未来ユートピアの構想が成り立っていくのではないかな。そう思いますね。

あなたがたは政治活動をやって、国の危機を救おうとしているけど、それと同じように、こうした大学（ＨＳＵ）で未来産業についての研究に入ることは、危機に対する一つの防衛であり、さらには、全人類的な危機を察知して、対抗条件を備《そな》えていくことじゃないかと思う。

一つの宗教として、力の範囲《はんい》に限界がたぶんあるとは思うけれども、少なくとも、物事は、まず、リーダーがいて何かを始めることからスタートするし、それを「必要だ」と認識して他の者が追随《ついずい》し、研究が進んだり広がったり、ＰＲが進んだりすれば、大きな予算が動き始めるものであるのでね。

だから、あなたがたが考えていることが、やがて、国家の予算が付いたり、世界的に研究されるようになったりする。そういう源流をつくることが、あなたがたの基本的な使命かな。

武田　非常に重要なお話を頂き、ありがとうございます。

理系では〝天才の前倒《まえだお》し〟が必要である

武田　「これからは危機の時代である」ということで、たくさんの危機をお挙げになりました。

ニュートン　たくさんですよ。だけど、理科系の学部の定員は、すごく絞《しぼ》られていて……。

武田　はい。そうです。

ニュートン　「どうせ、大《たい》して人気が出ず、大勢《おおぜい》を教えられないいんじゃないか」と思って、〝謙虚《けんきょ》〟な人数を集め、始めるようだけれども、その程度の人数だと、全員が教授にならなければいけないぐらいの厳しさになるかもしれませんねえ。全員が、それぞれの専門分野の〝教祖〟にならないといけないぐらいの厳しさかと思いますねえ。

武田　先ほどおっしゃったように、人材や予算の限界もありますが、今のお話からすると、もう時間もないようですね。

ニュートン　時間がない！　そんなにないんだ。

武田　そこで、「危機はたくさんある」とのことですので、まず、どれから手を付けていけばよいのでしょうか。ニュートン先生からご覧になって、それは何でしょうか。

ニュートン　いや、どれも急ぎなんだよ。大学（ＨＳＵ）設立が遅《おそ》すぎるぐらいだ。ある意味では、もう遅い！

武田　そうですか。

ニュートン　遅いなあ。遅くなると、「天才の前倒《まえだお》し」をやらないと間に合わない。「秀才《しゅうさい》が、長い時間をかけて、ゆっくりと研究する」ということでは、もう、もたないね。たぶん、もたないので、〝天才の前倒し〟が必要だな。

科学者の場合、天才が出てくるのは文系に比べれば早い。早い人は、もう二十代で天才になっていくので、「この大学（ＨＳＵ）に入って勉強していると、すぐ天才活動ができる」というぐらいまで、拍車《はくしゃ》をかけないといけないのではないかな。

文系のほうは、政治家になるにしたって、文学者になるにしたって、そんなに簡単にはいかないからねえ。思想家もそうだけど。

一方、理系には、わりに早く、十代からでも出てきかねないところはあるので、そうした才能を見たら、それを徹底《てってい》的に伸《の》ばす準備をしなければいけない。そういうことかな。

未来産業学部の学生は「パイオニア」であれ

武田　先ほど挙《あ》げられた危機に関しては、可能なかぎり、一つでも多く同時に研究を始めるぐらいの……。

ニュートン　いや、遅いよ。

武田　遅いんですね。

ニュートン　今、日本の国立大学や私立大学等には、理工系学部や医学部、薬学部、その他、たくさんあるけれども、それらを見ても、全部、研究が後手後手《ごてごて》だな。「未来産業をはっきりと認識し、研究をやっている」というところまでは行《い》っていない。「今必要とされるもので、予算が付くようなもの」を研究しているような感じかな。

武田　「幸福の科学大学（ＨＳＵ）に入る学生には、まさに一つの分野の新たな発明者となるつもりで、入ってきていただきたい」ということでしょうか。

ニュートン　うん。パイオニアでなきゃいけない。
本当は、大学一個をＭ＆Ａ（合併《がっぺい》・買収）したいぐらいの気分だがなあ。だけど、すでにある大学の教授等の頭はもう古くて、たぶん使えないだろうからね。
いや、「理系」も大事だよ。

武田　そうですね。

ニュートン　もう、これ、「戦う」のは理系だから。実際に現代から未来にかけて戦うのは理系だ。

「文系」は、それは、宗教ではお釈迦様やイエス様が偉《えら》いし、哲学《てつがく》ではソクラテスが偉いよ。

　だけど、科学技術においては、例えば、ルネッサンス期のレオナルド・ダ・ヴィンチが「万能《ばんのう》の天才」と言ったって、プロペラ飛行機みたいなものや潜《せん》水艦《すいかん》らしきものをデッサンしたりして

レオナルド・ダ・ヴィンチが考案した飛行器具や潜水艦の原型

ダ・ヴィンチは、後世に開発されたハンググライダーやヘリコプターにも似た飛行器具〈右上〉や、潜水艦の原型〈右下〉に当たる概念図を、数世紀も先駆けて図案化し、手稿を遺している。

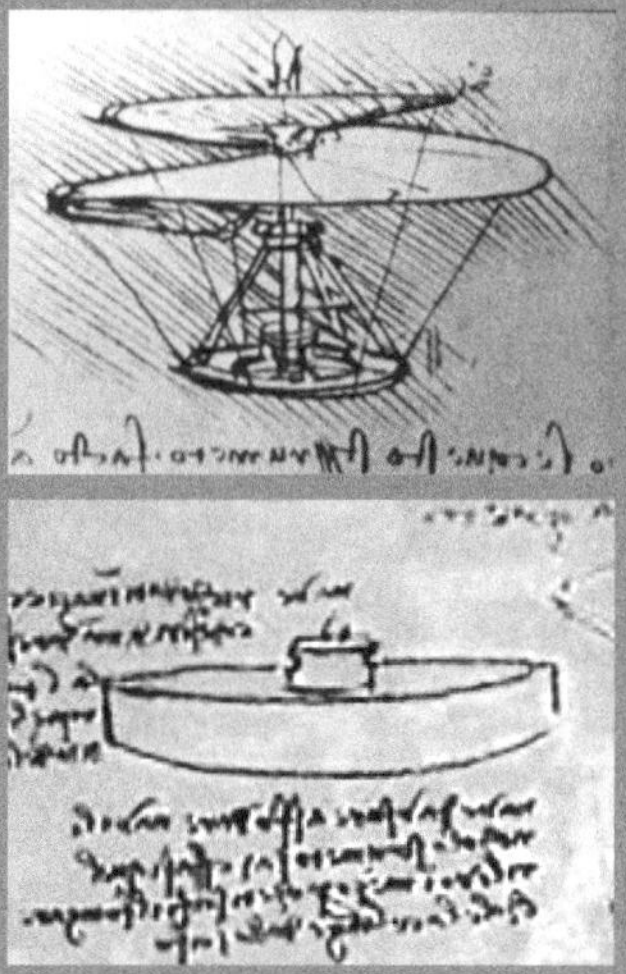

いる程度だ。現在の、例えば、三菱《みつびし》重工だとか、川崎《かわさき》重工だとか、ボーイング社だとか、ロッキード社だとか、実際にものをつくっているところから見れば、それは〝子供騙《だま》し〟のレベルだよな。

だから、科学技術においては、「昔の人が偉い」とは決して言えないわけだ。

しかも、ダ・ヴィンチをもってしても、「同じロケットを、シャトルバスのように何回も繰り返して使うスペースシャトル」みたいなところまで発想が行っていたわけではないから、現実はそうした天才の想像をはるかに超《こ》えて進んでいるんだよ。

これから未来に来るものも同じで、今のあな

世界に先駆けて開発された日本のリニアモーターカーは、磁気浮上式で、試験走行では 581km/h を記録している（2003 年 12 月）。

たがたの想像をはるかに超えた速度で、「必要とされるもの」が現れてくるんだ。

例えば、「今の時点で実用可能性が見えているリニアモーターカーを、今から三十年後か四十年後に敷《し》く」というような悠長《ゆうちょう》な話ではないんだよ。

そんな、今の時点で「見えているもの」は、もはや過去のものなんだよ。だから、「見えていないもの」に挑戦《ちょうせん》していかなくてはならないということなんだよね。

3 「超《ちょう》一流の科学者」になるには

まだまだ眠《ねむ》っている「未知の法則」を見つけ出せ

武田 「ニュートン先生は、二十代のときに、生涯《しょうがい》の業績になるような発明・発見をしていた」と聞いておりますが、今のお話からしますと、幸福の科学大学（HSU）の学生は、ニュートン先生のように、大きな発明・発見ができる科学者にならなければいけないと思います。

そこで、ニュートン先生が、学生たちに、一大科学者になるための条件、心構えをお話しなさるとしたら、どのような内容になるでしょうか。

ニュートン　まあ、いちばん有名なたとえ話だけど（笑）、「リンゴの木からリンゴが落ちるのを見て、万有引力《ばんゆういんりょく》を発見した」という話があるよね。それだけで言えば、まるで「禅《ぜん》の悟《さと》り」みたいじゃないか。まるでなあ。

武田　はい。そうですね。

ニュートン　すでにあったものだよな？　引力というのは、すでにあったものだけれども、それが法則として働いていることを示

伝説的によく語られる逸話として、ニュートンは13歳のとき、リンゴが木から落ちる様子を見て、「なぜ物は落ちるのか」「なぜ月はりんごと同じように引力に引かれて地上へ落ちてこないのか」などという疑問を抱いた。やがて、「それは、月の遠心力と引力がつり合っているからだ」ということに気づき、「万物には、互いに引き合う力がある」という万有引力の発見に至ったと言われている。

し、目に見えないものを目に見えるようなかたちで表現することが大事だったわけで。

私も「神の世界」を探究していたわけだ。

だから、新しい科学者たちはですね、神の創《つく》られた世界のなかで、まだベールを剝《は》がされていないもののベールを剝がして、新しいものがまだ眠《ねむ》っているから、それを見つけ出していくことが大事だな。

みなさんは、まだ小学生や幼稚園《ようちえん》のレベルなのかもしれないけれども、まだまだ〝畑〟のなかには〝サツマイモ〟がたくさん植《う》わっているのよ。これが、掘《ほ》り出してほしくて、待っているんだ。科学的な真実もたくさん眠っているので、これを掘り出さなければいけない。

だから、とにかく方針としてはね、すでにほかの者がやっているようなものは、追いかけても、どうということはないので、「とにかく、新しい、まだ見つかっていない真理や技術を発見せよ。あるいは、新しいアイデアを見いだせ」ということだね。それに現実がついてくるわけだ。

そういう意味では、超能力者《ちょうのうりょく》であってもいいぐらいだね。

だから、想像力の限界に挑戦《ちょうせん》し、それを超《こ》えていかなきゃいけない。人間には、現時点、二十一世紀の初頭《しょとう》において、想像できる限界があると思うんだけど、その限界を超えて、「さらにありうるものは何であるか」ということを考えることだ。

考えることができるものは、存在することができるし、すでに用意されている存在である可能性もある。

まだまだ、「未知の法則」がたくさん眠っている。人間が住んでいる環境《かんきょう》のなかに、未知の法則がたくさん眠っているし、未知の病気もあれば、未知の病気に対する薬も治療法《ちりょう》もある。それから、未知の機械もまだありうるし、まだ予想されていない攻撃《こうげき》方法に対する、未知の防衛方式も存在するわけだ。
こういうものは、お寺で瞑想《めいそう》しているだけではつかめない。あれは、価値を生んでいるのかどうか、私にはよく分からないけれども、禅寺で瞑想する代わりに、リンゴの木を見て「法則」を発見する科学者であっていただきたいなあと思う。だから、基本的には、未来産業学部のシンボルとして、リンゴの木を植えることが大事である。

武田　（笑）そうですね。はい。

ニュートン　だから、「分からないようになったら、坐禅《ざぜん》をして瞑想し、リンゴの木を見ておれ」ということだな。

武田　なるほど。

ニュートン　霊界《れいかい》のなかには、無限の知識の宝庫が現実にあるし、実は「未来」も詰《つ》まっている。「未来社会の原型」がすでに存在しているので、そこから引き出してくることが大事だ。これは無限の宝庫だな。
だから、科学技術を勉強すると同時に、「霊的な目覚め」も得られるといいね。
私はだから、「科学者的救世主」も欲《ほ》しいな。うん。

武田　そうですね。

教授陣《じん》は学生を「プランナー」として育てよ

武田　学生を導く教授陣《じん》のあり方、教育方法に関しては、いかがでしょうか。

ニュートン　教授陣は、とりあえず、（学生たちに）〝抜《ぬ》かれていく〟ことが使命だろうね。

武田　（笑）

ニュートン　抜かれていくのが使命であり、役に立たないことが分かっているんだけど、とりあえず、かたちをつくるためには必要だ。

「現代のレベルは、どこまで来ているか」ということを教えるのは、基本的な教育として必要ですよね。「今では、すでに、こういうことが分かっている。こういうレベルまで達している」ということは教えなければいけないけど、それからあと、プラスアルファを発明・発見していくのは、若い力のほうだと思うな。

だから、教える側にとっては、「自分を超えていく力を評価する」という力を持っていることが大事だ。

ほかの大学で二十年も三十年も四十年も教えたような人たちが、自分自身で新しい発見をすることはもうないよ。たぶん、ないと思われる。すでにあるベースのところを教える仕事はできると思うけれども、「これからあとは、君たちで頑張《がんば》って、やれ」というような感じで、学生たちを研究者として、「プランナー（立案者）」として育てていく力が必要だね。

大学時代だけでは全部を研究できず、大学に残って研究者になる者もいれば、企業《きぎょう》に勤めて研究する者もいるし、パイオニア的に事業を起こしていく技術者もいるだろうと思う。

あるいは、幸福の科学の人的《じんてき》なネットワークを活《い》かして、いろいろな協力の舞《ぶ》台《たい》ができれば、新しい開発に向けてのプロジェクトのようなものもありうると思うんだよね。

だから、「何をやりたいか」ということを、はっきりさせていくことが大事だ。私は、理系の学生には、ある意味で、優秀《ゆうしゅう》な文系の人たちのようであってほしいなあと思うね。「企画力、構想力、発言力、説得力、交渉《こうしょう》力、実行力で結果を残し、さらに、その結果をもとにして、いろいろなところと交渉し、大きなものを引き出していく」という力が要《い》るんじゃないかなあ。

よきリーダーでなければいけない。だから、リーダーシップも持っていなければならないと思うね。

武田　はい。分かりました。

4　未来科学としての「霊界《れいかい》科学」

元素《げんそ》記号の配列《はいれつ》から逆算して予測した未知の元素の存在

武田　「宗教と科学の融合《ゆうごう》」についても、お伺《うかが》いしたいと思います。

先ほどもお話がございましたように、ニュートン先生は、生前、キリスト教の研究もなさいました。また、冒頭《ぼうとう》で大川総裁からご紹介《しょうかい》がありましたが、一説によるとフリーメイソンのマスターであったとも言われていますが……。

ニュートン　だから、大川総裁と同じ立場だよ。マスター（大師）だよ。

武田　はい。錬金術《れんきんじゅつ》などの神秘主義にも非常に造詣《ぞうけい》が深く、まさに宗教あるいは信仰《しんこう》と科学とを融合された方だったのではないかと思います。

ニュートン　今の元素《げんそ》記号や、「原子の結合によって、どのようになっていくか」ということについて、まだ分からなかった時代ではあるんだけど、「錬金術とは、こういうものだ」ということは何となく分かっていたんだよ。

錬金術で鉛《なまり》を金《きん》にすること自体には成功しなかったけれども、「鉛を金にする技術ができたら、富が開発される」と思っていて、それを長らく研究していたね。

「元素やそういうものの組み合わせで、いろいろなものができるのではないか」ということが、何となく分かっていたんだよ。分かってはいたんだけど、研究がまだ十分ではなかった。

でも、元素記号の配列《はいれつ》とか、そういうものの発見もね、基本的には「宗教的悟《さと》

●錬金術　卑金属を金などの貴金属に変えたり、人間を不老不死にする試みのこと。ニュートンは、造幣局に勤めて以降、密かに錬金術の研究に没頭し、多くの原稿を遺していた。しかし、自らの死に際しても公表は控え、1936年に研究ノートが競売にかけられるまで、その内容が世に出ることはなかった。

り」とほとんど変わらなかったんじゃないかと思うよ。

（元素の周期）表をつくっているうちに、「こういう元素があるはずだ」とか、「こういう元素がなければおかしい」とか、そういうことを〝逆算〟で考えた。実は、帰納《きのう》的にではなくて演繹《えんえき》的に考えられたものはかなりあると思うな。だから、「こういうものがなければ絶対おかしい」という考えから来ていると思うね。

外国では軍事技術としても使われている「超能力《ちょうのうりょく》」

武田　幸福の科学大学（HSU）においては、「霊界《れいかい》科学」も一つの研究分野にしようと考えていますが、そういった方面に関して、何かアドバイスを頂けますでしょうか。

ニュートン　（日本企業の）ソニーなんかでもやっていたとは思うが、「ESP《イーエスピー》

●帰納と演繹　個別具体的な事例から普遍的な法則を導き出すことを帰納といい、普遍的な法則から個別具体的な事例を導き出すことを演繹という。

「（超能力）の研究」とかいうと、すぐ迷信扱いをされて、変人扱いをされるところはある。けれども、外国の、いわゆる大国では、軍事技術の一環《いっかん》として超能力の研究もやっていますからね。もちろん、そうとう極秘《ごくひ》でやってはいますけどね。

これはやっぱり一つの能力なので。例えば、もし、「千里眼《せんりがん》」というようなものがあって、実際に肉体としては敵国に潜入《せんにゅう》できなくとも、敵国の基地の構造とかが分かれば、やはり便利だよね。

みなさんが見るときには、もう時代が何年かずれてしまっているかもしれないけれども、今、アメリカでは、偵察《ていさつ》衛星が、例えば北朝鮮《きたちょうせん》の核《かく》ミサイル発射基地などを上空から写したりして、監視《かんし》をしています。

ただ、「そういうものだけがすべてだ」と思ったら間違《まち》いで、アメリカには、別途《べっと》、特殊《とくしゅ》な部隊が存在しており、アメリカは超能力者の能力も使っているわけです。

「(核ミサイル発射基地を)どの辺につくっていて、地下の構造が、どうなっているか」ということは、人工衛星からでは写真に撮《と》れないから、超能力者に地下の構造まで透視《とうし》させています。

でも、それは、アメリカだけがやっているんじゃなくて、ロシアもやっているし、実は、唯物論《ゆいぶつろん》の中国だってやっているんですよ。

ところが、日本だけは全然何もやっていないんです。本当に、日本だけが、いったい何を間違えたのか、「そういうものは迷信だ」と決めつけているけど、あちらは、きちんと使っているんです。

昔（一九七九年）、イランのアメリカ大使館人質《ひとじち》事件のとき、アメリカは、大使館の建物の構造図を基《もと》に、透視能力者を使って、「どこに人質が捕《つか》まっていて、何人ぐらいで見張っているか」ということまで透視をかけてから、特殊部隊を送り込《こ》んだりしているわけで、超能力は軍事技術としても十分に使われているんですね。

これをアメリカも中国もロシアもやっているし、ほかにも、やっているところはあるかもしれない。イギリスも、たぶん、やっていると思う。

こうした、超能力の実験について、日本では、明治以降、異端排除的《いたんはいじょ》に〝魔女狩《まじょが》り〟がなされたと思うんだけど、超能力は、やはり、事実として、あることはあるし、宗教はそれをやっているんだから、そのくらいは認めてもらわないといけないいんじゃないかね。

1979年、イランのアメリカ大使館人質事件で、大使館に押し寄せるイランの学生たち（上写真）。このときのCIA等による6名の外交官たちの国外脱出作戦の成功は、後年、『アルゴ』（2012年公開）等の映画にもなった。なお、アメリカ軍にサダム・フセインが捕らえられたときにも、超能力捜査官の透視能力により、居場所をほぼ突き止めていたとも言われている。

未知なるものの探究は、すべて「科学」である

ニュートン　化学《ばけがく》の実験なんて、ほとんど魔法と一緒《いっしょ》だよね。シェークスピアの作品を読んだら、魔女たちがグツグツと鍋《なべ》で煮《に》て秘薬をつくってるけど、まあ、あれと変わらない。化学はそうだよ。

なぜ、化学変化が起きて、そうなるか、理由は全然分からないけど、なぜか、できるんだよ。薬ができたり、いろいろなことが起きたりするんだ。

そうした「摩訶不思議《まかふしぎ》に見えるもの」は、ほ

魔女が秘薬をつくるシーンは、シェークスピアの四大悲劇の一つ「マクベス」で描かれている（上：テオドール・シャセリオー画「3人の魔女と出会ったマクベスとバンクォー」）。

とんど、知識の不足によって、そう見えているだけで、知識が明確になって、法則が明らかになったら、別に不思議でも何でもないことであるんでね。

分からないものは「トリック」か「何かの幻影《げんえい》」に見えるんだけれども、そのへんを、単なるマジックに終わらせないで、科学のレベルにまで高めていくことが大事だと思うな。

だいたい、UFOなんていうのも、いろいろ研究はされているわけだけれども、それについても、科学の一つの見方だけで見て、「UFOは全部プラズマだ」とか、「人が死んだあとに出てくる人魂《ひとだま》、火の玉もプラズマだ」とか言って、全部をプラズマで通してしまうような人もいるけれども。

これは無茶苦茶《むちゃくちゃ》だと私は思うんだよね。何でもかんでもプラズマにしてしまっては、そちらのほうが迷信に見える。「あまりにも簡単に、何でもかんでもプラズマで片付けてくれるな」という感じはするな。

いやあ、「未知なるものの探究は、すべて『科学』だ」と捉《とら》えるべきだと思いますね。

「できないこと」を「存在しない」とする考え方は非科学的態度

ニュートン　霊界が本当に嘘《うそ》でインチキなら、それは科学の対象にはならないと思うけれども、現実に霊界世界はあるし、私だって、こうやって霊界から来て話しているわけですから、「現実にある世界」なんですよ。

現実にある世界だけど、要するに、今の科学教育、少なくとも理科から発展した科学教育のなかには、これに対する取っ掛《か》かりの術《すべ》は何もないでしょう?

武田　ありません。はい。

ニュートン　「これは未熟だ」ということを認識しなければいけないと思うね。何とかして、これに取っ掛かりをつくり、梯子《はしご》をかけて、二階、三階に上がっていく努力をしなければいけない。今は（二階まで）届かないんだからね。届かないのなら、届くようにしなくてはいけない。

「二階は遠いから、届かない」ということなら、梯子をかけるしかない。三階が高いなら、三階まで届く梯子をつくるしかないんだよ。その努力をしないで、二階はないことにすると、上がれないからね。

消防車で言えば、ホースの水は二階までしか届かないのに、三階や四階が燃えている場合、その建物は（存在し）ないことにする。高層マンションはないことにする。家は二階建てまでしかないことにする。それより上があっても、「あるように見えているだけで、嘘《うそ》だ。インチキだ」と言う。

そのように、「ホースが届く範囲《はんい》にしか建物はないのだ」というような言い方なんだよ、現実にやっていることはな。

それでは駄目《だめ》であって、「高層ビルが火災になったときには、どうするか」ということを、やはり研究していなくてはいけない。「高層ビルの消火を、どうするか」ということを、研究しなくてはいけない。何百メートルもの建物を建てているのならね。

東京だって、あんな、「スカイツリー」という六百メートル以上のものを建てたら、火災が起きたときに、どうするのか。少なくとも消防車のホースでは届かない可能性が高いね。

もちろん、建物のなかに、ある程度、消火する装置を備えてはいるだろうけど、それが十分かどうか、分からない。たぶん、ヘリコプターか何かで消火剤《ざい》でもかけるつもりでいるんだろう。

そういうことが起きたときには、たぶん、泥縄《どろなわ》式に思いついて、「東京湾《わん》から水を汲《く》んで、上からかける」などという、東日本大震災《だいしんさい》の原発事故のときのようなことが起きるのかもしれないけど、十分には研究していない可能性はあるだろうね。

六百メートルもの高さまで届く梯子車《はしごしゃ》を、おそらく、つくっていないだろう？

武田　つくっていないと思います。

ニュートン　本当は、スカイツリーをつくるときには、六百メートル以上の高さまで届く消防車もつくらなくてはいけないぐらいだけどね。でも、考えていないと思うよ。そんな予算なんか、きっとありはしない。

そういうもので、「自分たちができないから、ないことにする」という考え方は、基本的には間違いだと思う。

「不思議」を感じたら、それを探究しようとすることが大事である。「不思議」を感じたら「迷信」といって探究しないことにする態度は、科学的な態度ではないと私は思う。

現代は「宗教が科学を弾圧《だんあつ》しない時代」であり、敵対する必要はない

ニュートン　あと、科学に関しては、「科学は疑いより発する」という考えもある。まあ、そういう面も、ないわけではない。科学には、「疑い」をその出発点にするようなところもあり、それがジャーナリズムなどにまで〝遺伝〟している。「疑いによって真実が明らかになる」という面も多少はあるよ。「砂を払《はら》うことで、砂に埋《う》もれているものが現れてくる」というようなことは、確かに、あることはあるけど、やはり、それだけが唯一の方法ではないと思うね。

「科学系だから、疑うことが本道《ほんどう》だ」と考えるなら、これは、信仰の方向性と

は合わないだろうと思うけど、信仰のなかに「未知なるものの探究」を許す態度があれば、別に構わないと思う。

この背景には、たぶん、中世ヨーロッパにおける、キリスト教の教会による弾《だん》圧《あっ》があると思うんだな。コペルニクス、ガリレオ等の受けた弾圧だね。宇宙の星の配列とか動き方とか、こんなものは別にイエスが定めたものでも説いたものでも何でもないけれども、「教会権力が、そういうものを認めないかぎり、それは真理ではない」というような考えだった。

これは、やはり、宗教のほうの問題だったと思うんだな。

要するに、「宗教は、神に仕《つか》えるものであるから、オールマイティーでなければならず、すべての分野について、真理を判定する能力を持たねばならない」ということ、「かくあるべし」の考えがあったけれども、イエスにだって分からないことが、後世の凡庸《ぼんよう》な法王や司教とかに分かるはずもない。だから、それは、やっぱりおかしいよね。

東方《とうほう》の三博士《はかせ》が、「星が動いていき、止《と》まったところに救世主が生まれる」という話をし、星を目指して救世主を探しに行くんだろう？　あんなの、今の天文学から見たら、「星が一点で止まっている」なんてことは、ありえないじゃないか。

武田　そうですね。

ニュートン　絶対、絶対、ありえない。あんなの、ありえないよ。だから、「イエス」が生まれたところの上に星が来て止まる」

『新約聖書』に記されているキリスト出誕秘話として、東方の占星術学者が救世主の誕生を予言したとされる（上：デューラー画「東方三博士の礼拝」ウフィツィ美術館蔵）。

なんて、ありえない。絶対、ＵＦＯでしかありえない。ほかには、ありえないよな。

武田　はい。

ニュートン　だけど、基本的に、そういう研究の余地はないんだろうからさ。

だから、今は、宗教のなかでも、そうした、科学技術的な面において、見識が及《およ》ばず、旧《ふる》くなっているものに対しては、宗教の側から、「新しく研究する余地あり。神の懐《ふところ》は、もっと広いのだ。今は、幸福の科学の教えを入れて、多次元宇宙の研究に入っても構わない時代になったのだ。今まで、ニュートン力学や、アインシュタインが考えた相対性理論の範囲内で考えていたものを、さらに超《こ》えた世界まで踏《ふ》み込んでも構わないのだ」と言われているわけですから、喜んでこれは研究しなきゃいけない。

今は、宗教の側が「科学を弾圧しない時代」になったことを宣言しているんでしょう?

武田　はい。

ニュートン　それだったら、敵対する必要など何もないじゃないですか。そう思うね。

武田　分かりました。ありがとうございます。

それでは、質問者を替《か》わらせていただきます。

ニュートン　はい。

科学的発明・発見に必要な力は「不思議を見つけ出す力」

小林　本日は、ご降臨を賜《たまわ》りまして、本当にありがとうございます。

私からは、先ほど少し教えていただきました「発明・発見の力」に関し、もう一段踏み込んで、お伺いしたいと思います。

ニュートン先生は「万有引力《ばんゆう》の法則」を発見され、力学を体系化されましたが、これによって、それ以前と以降とでは、「この世界の捉《とら》え方」がまったく変わりました。

こういう数多くの重大な発明・発見によって、人類全体の文明が進んできたと思います。

今後、科学が進むべき方向の一つとして、「霊界」という方向があるわけですが、霊界を探究し、根本的な発明や発見をなしていくために必要な心構え等について、教えていただければ幸いです。

ニュートン　うーん。やはり、「不思議を見つけ出す力」が大事だと思うんだな。これは受験的な秀才《しゅうさい》（の条件）には必ずしも一致《いっち》しないかもしれない。受験では、単位時間内で要領よく勉強を仕上げていかなくてはならないし、「答えは、だいたい決まっている」ということになっているけれども、本当に必要なのは、「答えがまだないものを探究する」ということだし、「それを解明するのに、どれだけ時間がかかるか」ということは分からないものなんだね。

そういう意味で、要求されるものがちょっと違っているとは思うんだな。

「不思議」に気づく力が導いた「万有《ばんゆう》引力の発見」

ニュートン　万有《ばんゆう》引力云々《うんぬん》にしても、物が落ちるのは誰《だれ》だって知っていたけど、「それは、いわゆる引力なるものによって支配されている」という考え方はできていなかったわけだよね。

磁石はあったから、磁石のことは誰もが知っていたけど、「磁石が引き付ける力」と、「万有引力なるものによって引き付ける力」とには違いがあるよね。

要するに、「物が落ちる」のは「引き付けられている」からだけど、磁石的な引き付け方だったら、そのままグーッと引いていくような感じだけれども、引力による落ち方は、くっつく感じの落ち方じゃないでしょう？　例えば、リンゴが地面に落ちても、そのリンゴを手で持ち上げられるよね。

だけど、ものすごく巨大《きょだい》なものでも下に引きずり下《お》ろす力がある。地球自体が強力な磁石のようなものだよね？　ところが、落ちたものを、人間の手の力ぐらいで簡単に持ち上げることができる。本当は、巨大なクレーン車のようなものでなければ上げられないぐらい、力が強くなくてはいけないはずなのに。こういうことがある。

これは、まことに不思議だよね。

でも、この「引力の発見」そのものは、実は、宇宙を志向し、「宇宙に出ていく」ということを考えたときに、重大な関門であったわけだよね。この「引力からの脱出《だっしゅつ》」ということは、ものすごく大きな問題であったわけなので。

実は、宇宙時代に進んでいくためには、この「引力の発見」が、どうしても必要なものだった。「なぜ、それがあるか」ということだね。

それから、「物は下に落ちる」ということをみんな知っていたので、「だから、地球は平《ひら》たくなければならない」という観念が、どうしてもあった。

だけど、古代から、天文学をやっている者は、観察によって、何となく「地球は丸いのではないか」と思っていた。

そういう人は紀元前から存在していたけれども、人間の実感としては、そうではなかった。民主主義的に多数決を取れば、百人中〝九十九・九人〟は、やはり、「物が落ちるのだから、もし地球が球《きゅう》であったら、裏（反対）側の人は落ちちゃうじゃないか」と思い、「地球が球のはずはありえない」と言うでしょう。

教会の人間も、そういう意味での「常識人」だから、教会の神父《しんぷ》さんや牧師《ぼくし》さ

かつて、世界は平面だと考えられており、さまざまな想像図が描かれていた（図：古代ギリシャの歴史家ヘカタイオスによる世界地図の復元図）。

んも、「そんなことはありえない。地球は平たくなければならない」と言うわけです。

だけど、「地球は平たい円盤《えんばん》だ」と考えたところで、「円盤の端《はし》から先は、どうなるのか」ということは、やっぱり、分からない。それは同じだよね。「地球の裏側の人は、なぜ落ちないか」ということは、まことに不思議だけど、やはり引力が働いているからだ。

でも、もし引力が磁石の力みたいなものだったら、地面にへばりついてしまい、足が上がらない。「ヨイショ、ヨイショ」と言って足を上げなければいけないのだったら、大変なことになるね。

これは、まことに不思議だよな。

だけど、その「不思議」の存在に気づいていない人はいっぱいいる。今は、その「不思議」の存在に気づかずに生きていける時代なんだ。

例えば、テレビがあるけど、「なぜ、電波が移動して、映像《えいぞう》が映《うつ》るのか」ということについては、研究している人というか、つくっている人は分かっているかもしれないけど、それ以外の人は、みんな、知らないよな。

それ以外の人の場合、頭の中身は、みんな、縄文《じょうもん》時代人と大して変わらない。「テレビスイッチを押《お》せばテレビに映像が映ることぐらいは分かっているけど、「テレビをつくってみろ」と言われたら、お手上げなんだよ。

そういう秘密は、いっぱいあるわけなんだけどね。

宗教がパトロンになれば「未来科学」が花開く

ニュートン　だから、とにかく、「不思議」を発見していくことが大事なわけで、そのためには……。

あのねえ、私は、「科学」と「芸術」は、ある意味で似ているような気がして、しょうがないんだよ。

芸術が繁栄《はんえい》するためには、やはり、スポンサーが必要なのよ。パトロンがね。そういう「資金援助《えんじょ》をしてくれる人」がいないと、芸術家は育たない。小説家でも絵描《えか》きでもそうだよね。

だから、それが花開くのに時間がかかるけど、科学というのも、「すぐに収入になるもの」は浅い科学で、「実用性が非常に高いもの」しかありえないと思う。

しかし、今言った「根本的な科学」の場合には、「不思議発見」につながるので、すぐに市場価値を生むものとは限らない。

その意味で、宗教が一つの大きなパトロンになることができれば、芸術が花開くけど、同じように、科学を花開かすことだって可能なんじゃないかな。

「『幸福の科学』『ハッピー・サイエンス』という名前を付けたこと自体で、この宗教は、科学の未来を推進していく使命を帯びているのではないか」と私は思うんだよな。

やはり、もっともっと、そういう使命感を持たなければならない。

だから、実際に研究する人でない人たちは、もっともっと予算をつくるように頑張《がんば》っていかなくてはならない。

そうした研究は、今すぐには役に立たないかもしれないけど、いずれ、未来の科学を発展させるための力になるんだよな。

科学の領域にある「未知のエネルギー」を研究せよ

ニュートン　磁石には、引力がある反面、斥力《せきりょく》、つまり同極同士なら反発する力があるよな。あれは不思議だよね。どうしても、くっつかない。どんな力をもってしても、くっつけられない。
そのように、「反発する力」と「ピッタリと付いてしまう力」があるけれども、それは人間の「愛」と「憎悪《ぞうお》」のような関係かもしれない。まことに不思議だけど、そうは言っても、ああいう原理も、リニアモーターカーなんかができていくための原理の一つだな。そういう反発する力が存在する。

この原理は、実は「ＵＦＯの原理」にもつながっている。「リニアの原理」から「ＵＦＯの原理」まで必ずつながっているんだよ。

ＵＦＯの飛び方を見れば分かるように、地球の引力への反発力を使って飛翔《ひしょう》力をつくっているのは確実なので、「引力に対する反発力を、どうやって人工的につくりつつ、安定させるか。さらに、安定した反発力をつくりつつ、空中で加速する技術を、どうやってつくっていくか」ということですね。こういうものの研究は、もっともっと進んでいかねばならない。

ロケットでも、自分自身の燃料を噴射《ふんしゃ》して飛ぶことだけを考えていたのから、今は、「スイングバイ（swing-by）」といって、「星の引力を利用して、その星の周りをグルッと回り、速度を増していく。燃料をそんなに積めないから、それを少なくして重量を軽くし、星の持っている力を使い、エネルギーを大きくして「飛んでいく」ということが流行《はや》っているようだ。

そういう、いろいろなことを、勉強していかねばならないね。

だから、まだ、未知のエネルギーは満ち満ちているよ。これを引かなくてはいけない。

それは、人間関係学的に見れば、

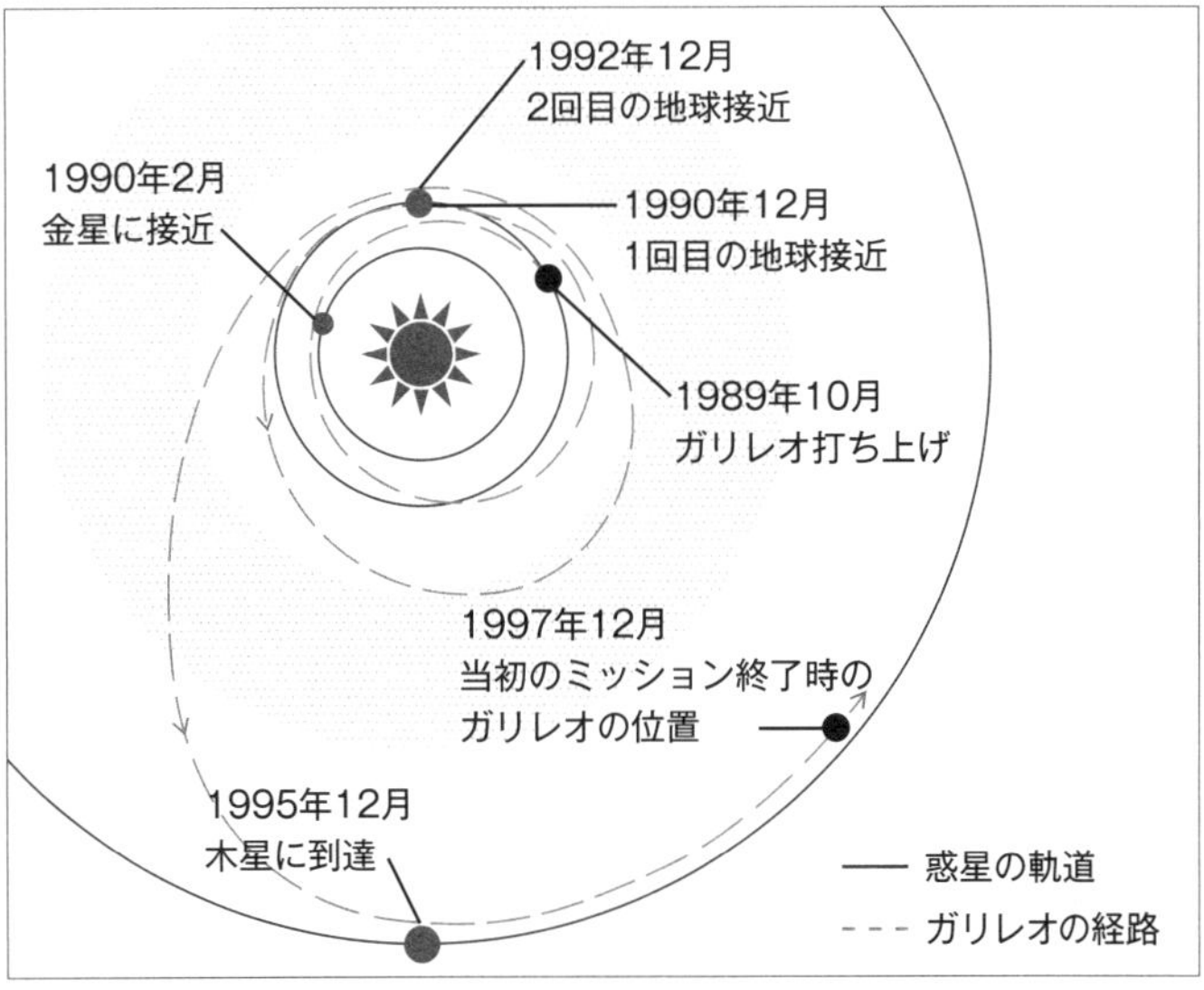

「スイングバイ」は、天体の重力や公転運動を利用することにより、燃料をほとんど使わずに軌道を変更したり、速度を変更したりできる技術。〈図〉1989年10月に打ち上げられたアメリカの木星探査機・ガリレオがスイングバイをしたときの進路。少ない推力を補うため、金星→地球→地球と、3回のスイングバイを行って加速してから木星へと向かい、無事に探査を全うした。

「愛の力」や「憎悪の力」は、今、宗教的には研究されていると思うんだよね。

愛の力が集まれば、ユートピアもできるし、それが企業《きぎょう》に転用されれば、みんなの力を合わせることで企業を発展させる力になる。それは経営学的には分かっていることだよね。仲間割ればかりしていたら、経営学的に見ても企業は発展しないし、家族や友人の間でもユートピアは壊《こわ》れていくわな。

こういうことは宗教の領域としてはあるけれども、科学の領域でも、まだまだたくさんあるわけだね。

それは、例えば、「次の未知なるエネルギー」だね。

今は、核エネルギーについて、いろいろと問題が起きている時期ではあるけれども、未知のエネルギーは、まだまだたくさんありますよ。それを研究していかねばならんと思います。

未知のエネルギーで、安定的に供給できるものが開発され、比較《ひかく》的安いコストで、ずっと供給が続いていくようなものをつくり出すことができれば、とてもいいだろうと思うね。

「HSUの学長になりたい」と言うニュートン

ニュートン　いやあ、やりたいことは無限にあるな。私なんか、(この世に)生まれてきて、(HSUの)総長になりたいぐらいの……。学長か？　学長になりたいなあ。この人(収録当時の学長予定者)に(霊として)入れないかな。彼はもうちょっと霊能力を開発したほうがいいんじゃないかなあ。

学長は、もう一段の「霊能力の開発」に勤《いそ》しんだほうがいい。ニュートンに〝支配〟されるように、もう少し頑張れ。そう申し伝えよ。

武田　はい。しっかりと……。

ニュートン　そうしたら、アイデアが何となく湧《わ》いてくる。

武田　そうですね。

ニュートン　アイデアが湧いてくるからさあ。

小林　数多くのヒントを頂き、本当にありがとうございます。

5 「科学」と「善悪」の関係

科学も一枚岩ではなく、多様な〝パネル〟が出ている

小林　少し視点を変えて、お伺《うかが》いしたいと思います。

幸福の科学大学（ＨＳＵ）の未来産業学部のなかでも起こりうることですが、科学における研究や開発においては、非常にたくさんの切磋琢磨《せっさたくま》が行われていると思います。

実際、ニュートン様におかれましても、ご生前、微積分法《びせきぶん》を発見・発明したライプニッツや、顕微鏡《けんびきょう》による観察を行ったロバート・フックらと、論争を繰《く》り広げられました。

ニュートン　うんうん。

小林　また、有名な話ですが、アインシュタインにおけるボーアや、エジソンにおけるニコラ・テスラなども同様です。

このような状況《じょうきょう》は、光の天使同士の切磋琢磨なのでしょうか。それとも、ある意味で、魔《ま》の攻撃《こうげき》であったりするのでしょうか。

ライプニッツ、フック、ボーア、テスラなどといった、科学の進歩におけるライバル関係や論争等について、分かる範囲《はんい》で結構ですので、霊界《れいかい》の状況も踏《ふ》まえ、教えていただければ幸いです。

ニュートン　うーん、まあ、宗教にも「宗派」があるからねえ。だから、人を幸

ニュートン・アインシュタイン・エジソンらと論争を繰り広げた学者たち

ライプニッツ（1646 ～ 1716）
ドイツの哲学者、数学者。微積分法を独自に発見し、その記法を考案。当時、別のアプローチで微積分法を発見したニュートンと、その研究成果をめぐって論争となった。主著「形而上学叙説」等。

ロバート・フック（1635 ～ 1703）
イギリスの科学者。顕微鏡による細胞の発見や、バネ等の伸縮に関する法則（フックの法則）を発見。引力の法則や、光の性質についてニュートンと対立した。

ニールス・ボーア（1885 ～ 1962）
デンマークの理論物理学者。アインシュタインと同時期にノーベル物理学賞を受賞。「時間とエネルギーの不確定性原理」について、アインシュタインと議論をかわした。

ニコラ・テスラ（1856 ～ 1943）
アメリカの電気工学者。エジソン電灯に勤務していた当時、交流電流による電力事業を提案し、直流電流を推進していたエジソンと対立、独立した。

福に導こうとすることにも、教え方や導き方に違《ちが》いがあるように、科学だって、一枚岩《いちまいいわ》ではないというか、いろいろ分かれてくるし、考え方に多様性があるからこそ、切磋琢磨して進んでいくものもある。だから、間違いを指摘《してき》されることもあってよいわな。

科学のほうは進化し続けなくてはいけないから、あまり簡単に権威《けんい》が確立しすぎることにも問題はある。その意味で、「多様な〝パネル〟が出ている」ということはあると思うね。

だから、怖《こわ》い部分もあるよね。本当に神の力に挑戦《ちょうせん》しているように見える部分もあるからね。

あなたが先ほど言った科学者のなかには、「人工地震《じしん》を起こせる」とか、「釣《つ》り鐘《がね》のように振動《しんどう》を上手に起こしていったら、地球が真っ二つに割れる」とか、そんなことを思いつく人もいるわけで、ある意味で、神の領域に挑戦している者も、いることはいるんだけどね。

「神の創造の秘密」に迫《せま》ったアインシュタインの功罪

ニュートン　アインシュタイン自身だって、別な意味で言えば、「原爆《げんばく》の父」というか、父でなければ、「原爆の祖父」のようなものだよな。そういう意味では、あとで平和運動にずいぶん参加したようではあるけれども、この世的にだけ見れば、功罪《こうざい》の「罪《ざい》」の部分が、やはりあるとは思う。

ただ、「現実に、そういうことがありうる」ということをやってみせるのも、大事なことではあっただろう。「目に見えない巨大《きょだい》なエネルギーが現実に存在する」ということを、数式の世界で証明できても、「現実に、それが起きる」ということについては、やはり、人々に見せなくてはいけなかったからね。

だから、広島・長崎《ながさき》の人たちは実験材料になってしまったので、気の毒だとは思う。あれは、ある意味では、ナチスの虐殺《ぎゃくさつ》に十分匹敵《ひってき》する。いや、「人間を人間と思っていない」という意味においては、それ以上に残酷《ざんこく》かもしれないね。

ナチスの場合には、貴金属まで取り上げて裸《はだか》にし、ガス室に入れて殺したので、「人間を殺す」という意識がきちんとあったと思うけど、原爆投下のほうは、要するに、「大都市を破壊《はかい》し、人々を殺せるかどうか」という実験を兼《か》ねていたわけですから、「日本人は、豚《ぶた》の屠殺《とさつ》のように殺され、豚扱《あつか》いをされた」ということだと思うけどね。

それ自体を取れば、悪かもしれないし、罪かもしれないとは思うけれども、それには、新しい可能性を開き、神の世界の一部を垣間《かいま》見せたところはある。あれによって、「宇宙の創世や滅亡《めつぼう》」「星の誕生や滅亡」の秘密の一端《いったん》が見えたところはある。

もし、「エネルギーを自由に動かせるもの」があったら、要するに、「エネルギーを凝縮《ぎょうしゅく》させたり、解放させたりする力」があれば、本当に、宇宙を創《つく》り、宇宙を消滅させることができるし、星を創り、星を消滅させることができる。そういう可能性が見えたわな。

原爆の原理は、結局、「超新星《ちょうしんせい》の爆発」や「ブラックホールの誕生」など、こういうものとも、みな、思想としてつながっているけれども、これは、実は、「神の創造の秘密」に迫《せま》っていっているわけだ。

科学は「創造」と「破壊《はかい》」の両面を持っている

ニュートン　だから、科学には功罪が付きものでね。「流派がたくさんあって、ライバルがあるということは、神の力か、悪魔の力か」と言われても、実際には、神と悪魔の両方の性質を持っていると思うよ。

だけど、〝悪魔といわれしもの〟について私が言うのは、ちょっとおこがましいので言いにくいんですけれども……、そんなに単純なものでもないんだよなあ。

インドの宗教が教えるように、宇宙には「創造」の部分と「破壊《はかい》」の部分があるんでね。だから、「破壊神《しん》」の存在も一つの作用としてはある。

これは、物で言えば、腐敗《ふはい》だよね。腐敗菌《きん》の作用は、通常、〝悪魔の作用〟のように見える。「冷蔵庫で保管していれば長くもつ」と思っていても、しばらくすれば、食物は腐敗する。リンゴもミカンも肉も、みんな腐《くさ》って食べられなくなる。これ自体は悪に見えるよな。

しかし、腐敗菌は、実は、この世に存在するものを分解して、土に還《かえ》していく力、還元《かんげん》していく力を持っている。腐敗は還元作用でもあるのであれば、それは次なる生命の創造サイクルとかかわってはいる。

だから、その破壊作用の中身には、実は、織り込《こ》まれているところがある。

腐敗菌自体は悪に見えるが、使い方によっては、それで、例えば、バターやチーズをつくることもできる。「チーズにカビを生《は》やして風味を出す」など、一見、破壊に見えるものが、創造になることもあるように、「これは、本当は必ずしも二律背反《にりつはいはん》的なものではない」ということだな。

だから、「強い創造を考えるときには、反面、破壊の機能を持ちうるものも生まれてくる」ということなんだ。

何かを失って何かを得、何かを得て何かを失う。こういう面がある。

宗教においては「善を求める心」が大事ではあるけれども、「宇宙を科学する」という面においては、やはり、「善悪不二《ふに》」の部分はあるわけだ。

その使い分けや運用、判定については、いわゆる文科系の人たちの思想的な積み上げによって、決めていかねばならないのだろうと思うけれども、科学者としては、そうは言っても、「可能なものは研究していく」という態度が必要だな。

小林　はい。ありがとうございました。

それでは、質問者を替《か》わらせていただきます。

ニュートン　（小林を見て）君、暑いかね？

小林　すみません。ちょっと……。

ニュートン　暑さを加減する科学も要《い》るね。

武田　そうですね。

ニュートン　そういうものが要るんだよなあ。ライトがあるから暑いんだよな？

武田　そうですね。

ニュートン　そういうことだな。

6　「ワープ航法」を開発する早道とは

「宇宙人リーディング」で宇宙の航行技術を探《さぐ》れ

斉藤　貴重な機会を頂き、本当にありがとうございます。

経典《きょうてん》『黄金の法』（幸福の科学出版刊）では、ニュートン先生について、「二六〇〇年代に生まれて、宇宙空間を移動する宇宙船を開発するだろう」と予言されています。

先ほど「反重力」や「新しいエネルギー」についてお話しいただきましたが、もう一つ、「ワープ航法」ができないと、惑星《わくせい》間の移動は難しいと思うのです。

これに関し、「宇宙人リーディング」というかたちで、さまざまな宇宙人の方の話を聴《き》きましても、考え方にいろいろと差があり、「裏宇宙」や「反《はん》宇宙」についておっしゃる方もいれば（『地球を守る「宇宙連合」とは何か』〔幸福の科学出版刊〕参照）、「高次元宇宙を通る」とおっしゃる方もいて（『宇宙の守護神《しゅごしん》とベガの女王』『宇宙人との対話』〔共に幸福の科学出版刊〕、『宇宙人リーディング　未来予知編』〔宗教法人幸福の科学刊〕参照）、方法が何通りかあるようなのです。

今の物理学においても、「反物質」や「超対称性《ちょうたいしょう》」などといった、反物質的なものの研究が始まってはいるのですが、そういうものはワープ航法開発の方向に結びつくのでしょうか。

「宇宙人リーディング」で迫る未知の宇宙技術

〈写真右から〉『地球を守る「宇宙連合」とは何か』『宇宙の守護神とベガの女王』『宇宙人との対話』（いずれも幸福の科学出版）『宇宙人リーディング　未来予知編』（宗教法人幸福の科学）

また、ニュートン先生は、高次元宇宙と、地上の物理学の延長上に見える神秘の世界の部分を、どのようにご覧になっているのでしょうか。

ニュートン　うーん……。（あなたがたは）「宇宙の法」で「宇宙人リーディング」をやっていたけれども、教育関連で学園（中学校・高等学校）や大学（HSU）をつくったり、政党活動をやったりしているため、「週刊誌などのマスコミが、いろいろと隙《すき》を狙《ねら》ってくる」と見て、今は「宇宙の法」系統をやや抑《おさ》えているように見えるんだな。

常識に屈《くっ》していると言えば、屈しているのかもしれないけど、この世的に見てオカルトやオキチ（狂人《きょうじん》）に見えるようなことをやっていると、「教育者として、これでいいのだろうか」とか、「こういう人たちが政治をやって、大丈夫《だいじょうぶ》だろうか」とか、そのような疑いを持たれるのではないかと思って、今、「宇宙の法」

系統を少し抑えているようには見えるんだよ。

だけど、やはり、それに打ち勝たなければいけないと思うんだ。これも研究なんだから、間違《まちが》うこともあるし、デタラメな話も出てくるかもしれないけれども、そういういろいろなものを自由に出していくなかで、真実が明らかになってくることがあるのでね。

だから、あなたが言っている、宇宙の航行技術について知るには、やはり、もっと「宇宙人の研究」に入らないといけない。基本的には、そこから情報を取るのがいちばん早い。どう見ても早いと思うね。

この世的に地球人の延長上で考えていると、なかなかそこまで到達《とうたつ》できないので、数学の数式を白板《はくばん》いっぱいに書ける人たちに、宗教修行《しゅぎょう》をしっかりやらせて、宇宙人から霊的《れいてき》に示される数式を受け入れられるところまで、霊能開発をさせたらいい。そうすれば、それを書いてくれるからね。

そういう意味で、やはり、理科系の学生にも宗教修行は必要だし、その両方の才能を持っている者が、砂金《さきん》のごとく出てくる可能性はある。

そうすると、絶対に、早いことは早い。「一千年の時間」を縮めるというのは、そんなに簡単なことではないからな。

長年、「生活レベル」が低かった地球に隠《かく》された秘密

ニュートン　「古代の地球に宇宙人が来た」と言っても、「人類の始まりの地」ともいわれているアフリカの今を見たら、生活自体は、どう見ても後《おく》れている。

これは「宇宙から地球に来て退化した」としか思えないよねえ。「ちょっと具合が悪いから、母星へ帰って、病気を治してくる」というわけにはいかないよね。「アフリカでHIV《エイチアイヴイ》（後天性免疫《めんえき》不全症候群《しょうこうぐん》）が流行《はや》っているから、治療《ちりょう》をしに母星に帰る」ということができるようにはなっていない。貧しくなって、困って

いるわね。

それは、「退化した」ということだろう？

だから、地球には、そういう科学技術を維持《いじ》するだけの力がないということなのか。彼ら（宇宙人）が諦《あきら》めているのか。

あるいは、あなたがたが知らないだけで、宇宙の発達した文明からエグザイル（追放）された人たちが、地球には溜《た》まっているのか。実は、ここは〝流刑者《るけいしゃ》〟たちの溜まり場であり、〝刑務所〟だから、「必要最低限の生活ができたらいい」ということで、長年、放置されていたのか。

だから、これまで科学技術は要《い》らなかったけれども、最近になって、やっと少し進化の筋《すじ》が見えるので、少しずつ何かを教えようとしているのか。

そういう可能性もあるわけなんだよ。

差別してはいけないけど、（宇宙人から見ると）君たちは、オーストラリアで言えば、原住民のアボリジニの方々のように、すなわち、朽《く》ちた木のなかに住み、虫を捕《と》って食べている人たちのように見られているかもしれないわけだ。

だから、宇宙から来たわりには、長年、生活のレベルが低かった。これは、ちょっと〝怪《あや》しい〟と思わないか。

武田　そうですね。

ニュートン　（宇宙人リーディンで）エリートとして来たように語っているけれども、実はそうではなくて、かつてのオーストラリアのように、「〝大英帝国《だいえいていこく》〟から流されし者の行き着き先」であった可能性もないわけではないよね。

そうでないと、昔より科学技術が後れていくのは、どうもおかしいと思わないか。

武田　そうですね。

ニュートン　ねえ？　エリートたちが移住してきて住んでいたのなら、（科学技術を）維持できるよね？

武田　はい。

ニュートン　やはり、おかしいよね？　何かおかしいと思わないか。

武田　はい。

ニュートン　このへんには、まだ隠《かく》されているところがあるかもしれないね。

『宇宙物語』の口述《こうじゅつ》を提案するニュートン

ニュートン　できたら、教団の現実的なところを肩代《かたが》わりできる弟子《でし》を、早く、しっかり養成して、（大川総裁の）そちらのほうの心労や悩《なや》み事を、なるべく減らしたほうがいい。

日本で言えば、大本教《おおもときょう》という宗教の教祖だった出口王仁三郎《でぐちおにさぶろう》という人が、『霊界物語《れいかいものがたり》』を口述《こうじゅつ》したように、大川隆法総裁にも『宇宙物語』を口述してもらわなければいけないんだよ。

だから、大川総裁に対して、「もう批判を一切恐《いっさいおそ》

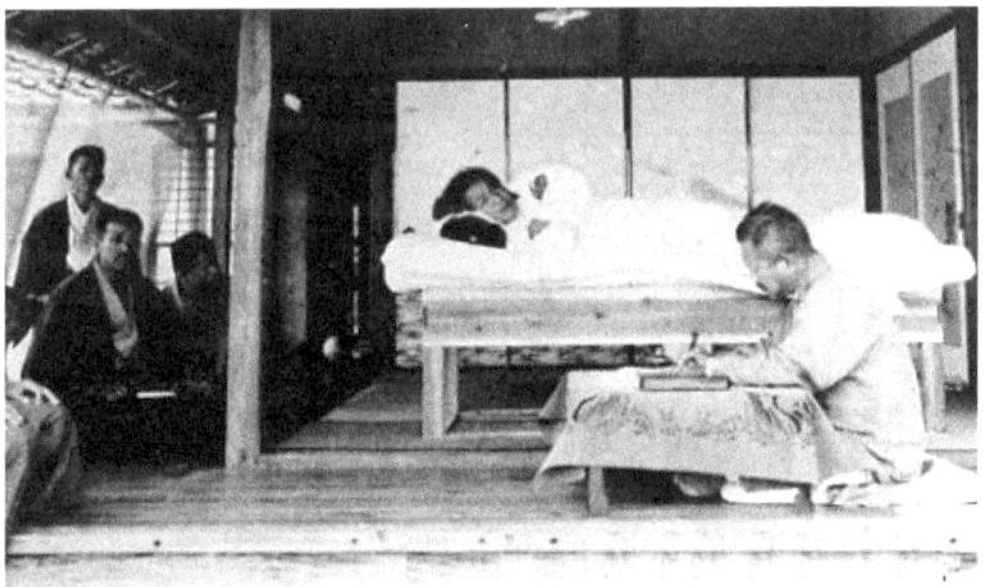

体を横にして『霊界物語』を口述し、弟子に書き取らせる出口王仁三郎。

れないでください。批判されても結構です。ほかから、疑われるとか、批判されるとか、週刊誌に書かれるとか、そんなことは、もう一切無視してください。どんなにデタラメに見えても構いませんので、とにかく、宇宙から得られる、ありとあらゆるインスピレーションを降ろし、『宇宙の物語』を語り下ろしていってください。死ぬまでに、何百巻でもいいから、出しておいてください。そのなかから、何かをつかみ出していきますから」と言わなくてはならない。

　そういうものが必要だと私は思うな。

学生の霊感《れいかん》を磨《みが》けば、宇宙からの〝通信講座〟も可能

ニュートン　そうでなければ、やはり、理科系の学生に超能力《ちょうのうりょく》開発をしていただ

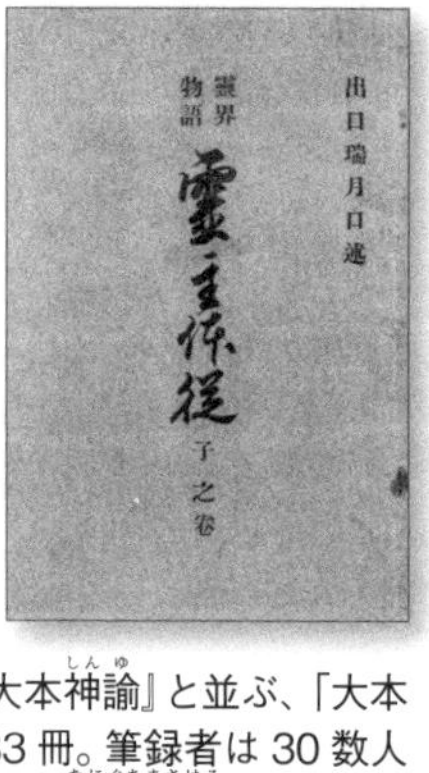

『霊界物語』　開祖・出口なおの『大本神諭《しんゆ》』と並ぶ、「大本教」の根本教典の一つ。全81巻83冊。筆録者は30数人にも及び、そのなかには「生長の家」の谷口雅春《たにぐちまさはる》もいた。

きたいですな。精舎《しょうじゃ》へ行って霊感《れいかん》を磨《みが》かないと駄目《だめ》だ。それで一定のレベルまで行った人には、たぶん、霊的交流ができるようになる可能性はあると思う。

宇宙人の「方程式」が分かるところまで行くかどうか、現代の状況《じょうきょう》ではまだ分かりませんが、「地球出身の科学者たちが霊界で勉強していること」を受け取れるぐらいのところまでは、行ける可能性があるのではないかと思うんですね。

宇宙人との交流については、「彼らが肉体で地球に降りてきて交流する」という可能性も、もちろん、ないわけではないのだけれども、ただ、彼らも、生存の危険、サバイバル面での危険は持っている。

彼らとテレパシー能力的なもので交流できることは分かっているので、特定の相手を選び、そこからの〝通信講座〟で科学教育を受ければ、時代を超越《ちょうえつ》することができなくはないね。

だから、「宇宙の法」が、一定以上説かれてくると、これが教科書となり、誰《だれ》

●精舎　瞑想や反省修法などのさまざまな研修や、祈願等が行われている幸福の科学の宗教施設。

もが常識として学ぶことで、それを受け入れる覚悟《かくご》ができる。そして、受け入れる素質のある者が一定の比率で出てくるから、そうなれば、宇宙の秘術を取ることができるわけだ。

（斉藤に）あなたのように薬学をやった人に霊的な能力が開けてくると、例えば、「ベガ星における秘薬のつくり方」を受け取ることはできるかもしれないが、ほかの人には、それは受け取れない。そういうことは、やはりあるわけだね。だから、これについては、やっぱり、もう少し心を開かないと無理だね。

宇宙の研究には〝フリーメイソン部分〟等も要《い》る

ニュートン　それと、この世的な常識の部分で、格好悪いことをあまり気にしていたらできないところがあるので、これ（霊的部分）を護《まも》るだけの力が教団には必要だね。

●ベガ　かつて金星から移住した人たちが住むという琴座の星。一部のベガ星人は、地球神エル・カンターレの「始原の法」「根源の法」を学ぶために地球に来ているとされる。（『宇宙人との対話』〔幸福の科学出版刊〕等参照）

宗教には、外から見えにくいところもあるけど、それも好都合《こうつごう》だから、〝奥《おく》の院《いん》〟で秘密のところを研究する、〝フリーメイソン部分〟をつくらないといけないんじゃないかな。

われわれも、「表の社交界と同じようにはいかないので、特別な人たちが、別なところに集まって、やる」ということは十分に理解していたから、昔から、きちんと使い分けてやっていたわけだ。

現代でも、表社会で働きながらそれをすることには、難しいところがあるけど、宗教のなかでなら可能性がある。

宇宙人から「未来科学のアイデア」を受け取れ

ニュートン　でも、あなたの言われた「ワープ航法」や、その他の宇宙技術について知るには、どうすればよいかと言うと、宇宙人のなかにも口の軽いのが絶対いるから、それを捕《つか》まえてしゃべらせるのが、いちばんの早道だと思います。

今、幸福の科学学園生のなかには、理科系で優秀《ゆうしゅう》な方もいるから、そういう方に、ぜひとも、理科系の勉強を、行けるところまできちんとやってもらいつつ、宗教修行も積んでもらい、どこかでパカッと（〝心の窓〟を）開いていただく。

それで、「宇宙人の霊を入れるから、UFOの飛行原理等を聞いて、ここに用意した白板に、それを書き写せ。ほかの人には解読不能でも、分かる人には分かるであろうから、やりなさい」と言って、やらせればいい。

霊界には、ニュートンもいれば、アインシュタインもいるし、その他、あなた（小林）が言ったライバルたちもいるけど、向こうで休んでいるわけではなく、研究を重ねているわけだ。

今、われわれも未来科学の研究に入っていて、アイデアはたくさん持っているんだけど、地上が、カタツムリみたいなゆっくりした動きをしているので、これでは、なかなか先に進んでいかないんだよなあ。

科学や医学の世界に〝戒律《かいりつ》〟ではなく「自由」を

ニュートン　だから、政治的にも言っているけれども、科学の世界においても、「自由」をもう少し言ってほしいな。

科学の世界では、「自由」じゃなくて〝戒律《かいりつ》〟がわりに多いんだよ。科学の世界は、医学でもそうだけど、ほとんど〝戒律〟の世界じゃないか。「ああしてはいけない」「こうしてはいけない」というようなことばかりだ。なあ？

そういうことばかりをやっていて、ほとんどマイナス思考で研究しているけど、あれも考え方を変えないといけないよな。やはり、霊界的な医学も必要だと思う。もう、（霊的なものを）信じていないのが明らかなんだよ。本当に、「機械が壊《こわ》れるように、人間の体も壊れる」としか思っていないから、おそらく、宗教の月刊誌に載《の》っている、「病気が治った」という話を読んだって、活字は見えても頭には入らないような人たちがほとんどであろうと思うね。

そういう人たちには奇跡《きせき》が起きないんだよな。否定して、認めようとしていないから、見えても〝見えない〟わけだ。

だから、本当に幽霊《ゆうれい》が出てきたり、人魂《ひとだま》がフワフワしていたりしても、「うーん。これは、どこかでプラズマが発生したのだろうか」というように考え方を移行させて、自分をごまかすんだよ。必ずそうなる。

幽霊が見えても、「これは、昨日《きのう》の酒がまだ残っていたのかもしれない」とか、「脳細胞《さいぼう》のどこかが傷《いた》んで、網膜《もうまく》に結ぶ像に何か異常が出ているのかもしれない」とか、このように考えて、「その考え自体が錯覚《さっかく》だ」ということが分かっとらんのだな。

「宇宙航行法」の開発は国家予算分ぐらいの価値がある

ニュートン　宇宙航行の方法は、「公開講座」で扱《あつか》うべきものではないので、絶対に〝特殊《とくしゅ》講座〟でなければならない。これにはね、実は値段が付けられない。
これは国家機密でなければならない部分だよな。これは、絶対に盗《ぬす》まれてはいけないところで、そこの情報を取れたら、アメリカ合衆国を超《こ》えられるし、売りつけたら、何兆ドルも取れるような内容になる。これは本当に〝スタンダード・オイル〟に代わる無限の富だよ。宇宙航行法を売ったら、これには、かなりお金を出すと思うよ。

武田　地球上にありませんので。

ニュートン　ああ。国家予算分ぐらいは取れる可能性がある。

武田　そうですね。こちらの〝勝ち〟ですね。

ニュートン　実は、それを取れるチャンスがあるんだ。

いやあ、大川総裁が、今の党首（当時）の応援《おうえん》などしていないで、こちらに専念し、宇宙の〝井戸《いど》〟を掘《ほ》り続けたら、やはり、どこかで〝油〟が出てくる可能性はあるわけよ。

「宇宙人リーディング」だって、まだ徹底《てってい》的にやってはいないだろう?

だから、宇宙航行、ワープ法について知っている可能性がある宇宙人を、徹底的に呼んで、呼んで、呼んで、〝油〟が出るまで、掘って、掘って、掘り続けたら、どこかでパァーッと噴《ふ》き出てくる。〝原油〟が噴き出したら、それは、アメリカが国家予算と同額のお金を出してでも買い取りたいぐらいの技術になるよね。

武田　そうですね。

ニュートン　これは、場合によっては、幸福の科学に「無限の富」を生むかもしれない。

武田　本当にそうですね。

幸福の科学が強くなれば、「理論」は次々と降りてくる

ニュートン　いやあ、実は私たちは、そういうことの仲介《ちゅうかい》役だって、できないわけではないいんだよ。

要は、君たちの信仰心《しんこうしん》がまだ少し足りていないんだよ。やはり、ここが問題なんだな。

宗教としての幸福の科学には、「いろいろな人に反感を持たれたり、反対されたり、この世的に潰《つぶ》されたり、弾圧《だんあつ》されたりはしないか」と思う、ウサギの赤ちゃんのように弱いところがまだあって、そんなに〝籠《かご》〟から出せないんだよ。もう少し宗教として強くなり、日銀の地下にある、鉄の金庫のなかで研究しているぐらいの強さがあれば、恐れることなく、どんどん出せる。

要するに、教団が業績や実績を積み重ねることによって、「攻撃《こうげき》されても、もう絶対に潰れない」というぐらいの強さを持てれば、そういうものを、もっとどんどん出して、発表していける可能性はあるわけだ。

ただ、今言ったように、あなたがまさしく訊《き》こうとしたことは、「無限の富」を生むことであるから、要注意であり、それを導き出した者は、〝人間国宝〟として、もう外部に出してはならない。さらわれたら終わりだから、どこかに隠して、外国のスパイに拉致《らち》されたりしないようにしないといけないと思いますね。まずは「理論」がなければ実物はつくれないからね。

ただ、この「理論の部分」の開発は、もう近づいていると思うね。大学（HSU）ができたら、急速にレベルが上がると思う。もう一段、バーンと上がり、「研究するのは当然」ということになっていくことで、インスピレーションが降りてくると思う。

今は、降りてきても使い道がないし、それを活字にしたら、ほかの人に盗まれてしまうからね。

武田　そうですね。

ニュートン　内容を盗まれるし、ヒントを与《あた》えてしまうことになるため、内部の人ではない人が、いろいろなところから、たくさんヒントを得てしまう。それでもいいんだけれども、自分たちでやる気があるなら、やはり、蓄《たくわ》えたほうがいいと思うな。ヒントは宇宙人の〝徹底喚問《てっていかんもん》〟だよ。これがいちばん早い。

武田　分かりました。

ニュートン　徹底喚問したほうがいいと思う。

武田　そうさせていただきます。

スピードを生む安全な航行技術は「無限の富」のもとになる

ニュートン　もし、それで十分でなければ、私とかアインシュタインとか、その他、専門性がある霊人《れいじん》を立会人《たちあいにん》として呼び、理系的素質のあるチャネラー（幸福の科学で「スピリチュアル・エキスパート」と呼ばれる、霊を降ろして霊言をすることが可能な者）を複数用意しておいて、そちらのほうに、例えばアインシュタインを入れる。

それで、「（宇宙人が）今こう言っているけど、これはどういうことか」と訊いて説明をさせる。こういうかたちで通訳をさせれば、意味が分かる可能性はある。「今、何が言いたかったのか、地球的に説明してくれ」と言って、アインシュタインなどに説明させる。

そういうことに対応できる能力のある人が必要だ。

今は、チャネラーの勉強が十分ではなくて、それができない。理系の人がいても、大した理系ではないのでね。やはり、理系で先端《せんたん》まで行《い》っておりながら、霊的にも優《すぐ》れていなければいけない。難しいけれども、可能性はある。

武田　ありますね。

ニュートン　「思いつく」ということは、「可能性がある」ということだから、大学（HSU）を開いたら、これは、たちまち始まってくると思う。

新しい航行原理、あるいはスピードにかかわる飛行原理は、宇宙だけではなく、地上でも無限の富を生むよ。

武田　そうですね。

ニュートン　海でも空でも陸上でも、「スピードを生む安全な航行技術」は、将来的には、たぶん、無限の富のもとになるね。

7 「医療《いりょう》」「国防」等にも新しい発明を

「病気の特効薬」を開発できると、〝錬金術《れんきんじゅつ》〟が始まる

ニュートン　それと、やはり、「人を死に至らしめる病気の特効薬的なもの」についても、無限の富を生む可能性は高いね。これも、きっと答えは用意されていると思う。「こういう病気に対しては、どんなものが効くのか」という答えが、実は用意されている。ただ、元素記号が読めて、化学物質の配合について理解できる人が、それを受け取らないかぎり、分からない。

そのため、そういう分野で働いている人たちにも、できるだけ（幸福の科学の）会員になっていただき、宗教修行《しゅぎょう》をしていただくことが大事だと思うね。そ

のなかで見えてくるものは必ずある。

独自の会社でやられてもいいんだけど、そのうち、幸福の科学の企業《きぎょう》グループ群のなかで、そういうものを開発できるようになると、〝錬金術《れんきんじゅつ》〟が始まると思いますね。

武田　そうですね。

「産・学・軍」で新たな「防衛術」を発明せよ

斉藤　本当に貴重なお話を、ありがとうございました。ある意味での「産学連携《れんけい》」というか、宗教と科学が連携して、〝錬金術〟のように富の創造をしてまいりたいと思います。

ニュートン　「産・学」だけではなく、「軍」も一緒《いっしょ》だね。

武田　「産・学・軍」ですか。

ニュートン　うんうん。防衛のところも、やらなければいけない。「防衛術」は、本当は、科学者にとって、この世的にいちばん重要なものの一つだ。

今、あなたがたは、映画をつくったり、政治的な主張をしたり、デモをやったりと、いろいろなことをなされているんだろうけど、「実戦になったら、どうするのか」ということについては、とても詰《つ》めが甘《あま》いわね。外国で実際に侵略《しんりゃく》された人たちは、すでに「甘い」と言っている。まだ甘いな。

「心でいける」とか、「祈《いの》りでいける」とか思っているんだったら、甘い。「実際のミサイルは、祈りだけでは、なかなか防げませんよ」というところだね。

やはり、防衛術を発明しなければいけない。アルキメデス的に〝新兵器〟を開発しなければいけないと思うし、そういう意味で、理工系も要《い》るんじゃないかな。

最終的には、国家予算を引き出せるパイプが要るので、実は、そのために政党運動をやっているんじゃないの？　たぶん、それとつながるんじゃない？いずれ、科学のところとつながってくると思うよ。政治の運動が、「防衛技術」「航空技術」「宇宙技術」「医療《いりょう》技術」など、いろいろなものと全部つながってきて、産学が連携してくると思う。

第二次ポエニ戦争のシラクサの戦いにおいて、アルキメデスは、てこの原理を利用した投石機をつくったり、ローマ海軍の船に引っ掛けて傾ける巨大な鉤爪をつくったりするなどして、大いに貢献した。〈左〉投石機（世界遺産・キューバのカバーニャ要塞）。

「活躍《かつやく》の場が欲《ほ》しい」と訴《うった》えるニュートン

ニュートン　今、年金や福祉《ふくし》、老後の問題など、いろいろあるけれども、一つの発明によって、こちらの側から攻《せ》めていく手もまだあるわけだ。

宇宙の研究のなかには、「宇宙における不老不死の研究」だって、あるかもしれない。当然、やっているところはあります。「永遠の若さを保つ方法」を研究していないわけがないんですよ。研究しているところは絶対にありますし、医薬品のなかで、老後の病気を徹底的《てってい》に防ぐようなものも、できるかもしれない。

道は無限だと思うな。だから、あまり小さなものだと思わないで、先についてては、もっと大きなものを構想しておくといい。

これは、まだ理論の部分であるけれども、これに現実がついてくるから、「ある意味で、日本の未来の産業群が、ここから生まれてくるかもしれない」ということを知っておいたほうがいいと思うな。

君らは、まだ考え方が小さいようだから、もう一つ〝大きな窓〟を開かないといけないようだな。

私たちの力は余っているんだけど、出所《でどころ》がないんだよ。だから、どうにかしてほしい。

武田　地上のわれわれの修行にかかっているわけですね。

ニュートン　うんうん。出所が欲《ほ》しいな。活躍《かつやく》の場が欲しい。まあ、しかたがなければ〝錬金術〟を教えるけどな（会場笑）。

8　ニュートンの「巨大な使命」とは

エル・カンターレの「創造と破壊《はかい》」の手伝いをしている

武田　では、最後に、ニュートン先生と主エル・カンターレのご関係について、お伺《うかが》いしたいのですが、いかがでしょうか。

ニュートン　うーん。それは、きわどいな。きわどい質問ではあろうと思うけれども……、エル・カンターレは、「創造」という機能を持っておるので、創造の機能に関しては、「重要な腕《うで》の一本」かな、という感じだと思うね。

まあ、創造も破壊《はかい》も両方やりますけれどもね。クリエイション（創造）と破壊の両方の機能を持ち、「地球レベルでの新陳代謝《しんちんたいしゃ》」をやっている。

また、宇宙へも、多少、影響《えいきょう》があるけれども。何と言うかなあ……、宇宙全体の発展計画や、宇宙全体の転生輪廻《てんしょうりんね》というのは、イノベーションなんだよ。だから、「宇宙全体のイノベーション計画」のようなものの一翼《いちよく》も担《にな》ってはいるんだ。

「ここに、こういう文明を起こしたい」とか、「この文明は、そろそろ終わりにしたい」とか、「猿《さる》の惑星《わくせい》を滅《ほろ》ぼしたい」とか（会場笑）、「猿の惑星から侵略《しんりゃく》させたい」とか、そのへんまで文明実験として構想はするのよ。それから、「猿の惑星の猿に使わせる道具は、どこまでにするか」とか、いろいろ考えて、そういう〝思考遊戯《ゆうぎ》〟をだいぶやっている存在だな。

だから、エル・カンターレの「創造と破壊」について、その構想や実践《じっせん》の手伝いをしている部分かな。

武田　分かりました。

ニュートンは「新しい価値の創造」を好む

武田　本日は、さまざまなご指導を頂きまして、本当にありがとうございました。これからも、ぜひ、〝錬金術《れんきんじゅつ》〟も含《ふく》め（笑）、当会や大学（ＨＳＵ）に対し、さまざまなご指導を頂ければと思います。

ニュートン　（笑）「透視《とうし》をして、日本の土地のここを掘《ほ》ったら、まだ金鉱《きんこう》が残っている」とかいうことを教えるのでも、役に立つかもしれないね。

武田　そうですね（笑）。

ニュートン　どこかにはあるよ。あるいは、「徳川《とくがわ》の埋蔵金《まいぞうきん》が埋《う》まっているところは、ここだ」とかね。もし、それで透視をして当てれば、あなたがたのものになることも、ありうるかもしれない。

武田　そうかもしれません。

ニュートン　「ここに埋まっているから、土地を買え」と言われ、そこの土地を買っておいて掘ったら、「あら！　出てきちゃった。所有者はいないようですね」というようなことも、あるかもしれない。

あるいは、未知の宝物《たからもの》が出てくることもあるかもしれない。私は、そういうことが、なんか好きなんだよ。そういう、新しい価値を創造して生み出すのが大好きなので、ぜひとも、もう少し協力する場を与《あた》えていただきたいと思っています。

武田　分かりました。

ニュートン　だから、（幸福の科学の職員も）文系ばかり採用してはいけないよ。

武田　はい。理系も……。

ニュートン　やはり理系も少しは入れたほうがいい。あなたがたのところには、優秀《ゆうしゅう》ではない理系が生き残る気《け》が少しあるけど、優秀な人であっても生き残れる道を、つくっておいてあげないといけないと思うな。

武田　かしこまりました。

ニュートン　「お金の算用《さんよう》だけできる人が出世する」ということには、問題があるかもしれない。それは言っておきたいな。

武田　分かりました。本日は、本当にありがとうございました。

ニュートン　はい。

9 〝金《きん》の卵〟を生むかもしれない「未来産業学部」

大川隆法　（ニュートンは）面白《おもしろ》い方のようです。この人の〝井戸《いど》〟は、まだ百分の一も掘《ほ》っていないかもしれませんね。

武田　ええ。まだたくさんありそうです。

大川隆法　〝井戸〟をたくさん掘れそうな方です。

武田　そうですね。幅広《はばひろ》かったと思います。

大川隆法　やるべき仕事は、まだかなりあって、英語の勉強だけでは駄目《だめ》のようです。勉強しなければいけないものが、まだかなりありそうですね。

武田　「無限の富」の源泉になるかもしれないものが見えました。

大川隆法　少し見えました。「国家予算を超《こ》える富の源泉」のようなものがチラッと見えましたね。

武田　はい。見えました。

大川隆法　未来産業学部も大事にしましょう。

武田　大事ですね。

大川隆法　ここは、文系的に見ると、たいてい〝散財《さんざい》〟セクションと考えられますからね。「文系学部は、大勢を集めて講義していればいいから、かかるのは、だいたい〝喉代《のどだい》〟だけだけど、理系部門は散財部門だから、できるだけお金を使わせないように小さくやろう」と思われているでしょう。

だけど、実は、理系部門は〝金《きん》の卵〟を生むかもしれないのです。これは大事かもしれません。希望が持てました。頑張《がんば》りましょう。

武田　はい。分かりました。

あとがき

死体ばかりを見ていると生命とは何かがわからなくなる。ハエの分解ばかりしていても、なぜハエが空中を飛べるのかはわからない。

この地上と宇宙に存在する、ありとし、あらゆるものには、創《つく》られたものとしての痕跡《こんせき》がある。

新しい科学のためには、まず創《つく》り主《ぬし》の心を推《お》し量《はか》ってみることである。さらには地球外文明にも目を向けてみることである。人類より進んだものを研究すれば、未来科学への筋道が見えるからである。ニュートン自身がそれをすすめているのだから、思い切って未来科学の扉《とびら》を押し開けてみるべきである。千年後の未来世界を想像することができれば、それは確実に近づいてくるだろう。

二〇一五年　三月十四日

幸福《こうふく》の科学《かがく》グループ創始者兼総裁《そうししゃけんそうさい》

HSU（ハッピー・サイエンス・ユニバーシティ）創立者《そうりつしゃ》　大川隆法《おおかわりゅうほう》

『ニュートンの科学霊訓』 大川隆法著作関連書籍

『黄金の法』(幸福の科学出版刊)
『「未来産業学」とは何か』(同右)
『アインシュタイン「未来物理学」を語る』(同右)
『地球を守る「宇宙連合」とは何か』(同右)
『宇宙の守護神とベガの女王』(同右)
『宇宙人との対話』(同右)

※左記は書店では取り扱っておりません。最寄りの精舎・支部・拠点までお問い合わせください。
『大川隆法霊言全集 第50巻 ニュートンの霊言』(宗教法人幸福の科学刊)
『宇宙人リーディング 未来予知編』(同右)

ニュートンの科《か》学《がく》霊《れい》訓《くん》

――「未来産業学」のテーマと科学の使命――

2015年3月21日　初版第1刷

著　者　　大《おお》　川《かわ》　隆《りゅう》　法《ほう》

発行所　　幸福の科学出版株式会社

〒107-0052 東京都港区赤坂2丁目10番14号
TEL(03)5573-7700
http://www.irhpress.co.jp/

印刷・製本　株式会社 堀内印刷所

落丁・乱丁本はおとりかえいたします

ISBN978-4-86395-657-5 C0030

写真：National Posrtrait Gallery,London/amanaimages ／ OlhaRohnlya/fotolia
／時事 ／ peruri/PIXTA

大川隆法霊言シリーズ・未来へのメッセージ

トーマス・エジソンの未来科学リーディング

タイムマシン、ワープ、UFO技術の秘密に迫る、天才発明家の異次元発想が満載! 未来科学を解き明かす鍵は、スピリチュアルな世界にある。

1,500円

H・G・ウェルズの未来社会透視リーディング

2100年――世界はこうなる

核戦争、世界国家の誕生、悪性ウイルス……。生前、多くの予言を的中させた世界的SF作家が、霊界から100年後の未来を予測する。

1,500円

トス神降臨・インタビュー アトランティス文明・ピラミッドパワーの秘密を探る

アンチエイジング、宇宙との交信、死者の蘇生、惑星間移動など、ピラミッドが持つ神秘の力について、アトランティスの「全知全能の神」が語る。

1,400円

幸福の科学出版

大川隆法シリーズ・**最新刊**

ローラの秘密

いま、いちばん人気のある天然キャラ・ローラの素顔をスピリチュアル・インタビュー。みんなから愛されるキラキラ・オーラの秘密を大公開！

1,400円

パラオ諸島ペリリュー島守備隊長 中川州《くに》男《お》大佐の霊言

隠された〝日米最強決戦〟の真実

アメリカは、なぜ「本土決戦」を思い留まったのか。戦後 70 年の今、祖国とアジアの防衛に命をかけた誇り高き日本軍の実像が明かされる。

1,400円

アインシュタイン「未来物理学」を語る

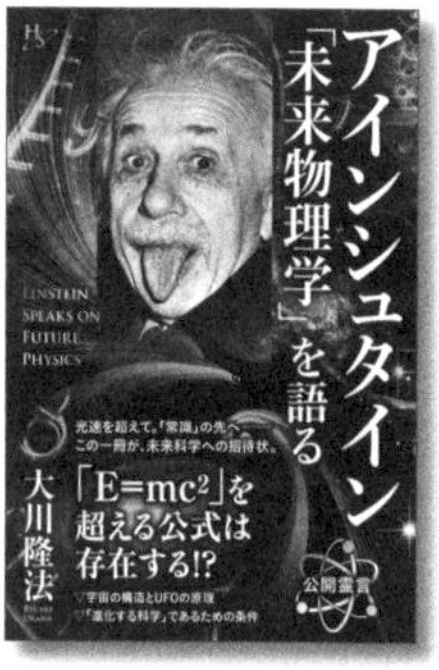

20世紀最大の物理学者が明かす、「光速」の先――。ワームホールやダークマター、UFOの原理など、未来科学への招待状とも言える一冊。

1,500円

大川隆法 製作総指揮
長編アニメーション映画
UFO学園の秘密
The Laws of The Universe Part 0
信じるから、届くんだ。
STORY
ナスカ学園のクラスメイト５人組は、文化祭で発表する研究テーマに取り組んでいた。そんなある日、奇妙な事件に巻き込まれる。その事件の裏には「宇宙人」が関係しており、そこに隠された「秘密」も次第に明らかになって……。超最先端のリアル宇宙人情報満載！ 人類未確認エンターテイメント、ついに解禁！
監督／今掛勇 脚本／「UFO学園の秘密」シナリオプロジェクト
音楽／水澤有一 アニメーション制作／HS PICTURES STUDIO
本年秋、全国一斉ロードショー！
Hi!!!
UFO後進国日本の目を覚まそう!
UFO学園 検索

学部のご案内

人間幸福学部

人間学を学び、新時代を切り拓くリーダーとなる

人間の本質と真実の幸福について深く探究し、
高い語学力や国際教養を身につけ、人類の幸福に貢献する
新時代のリーダーを目指します。

経営成功学部

企業や国家の繁栄を実現し、未来を創造する人材となる

企業と社会を繁栄に導くビジネスリーダー・真理経営者や、
国家と世界の発展に貢献し
未来を創造する人材を輩出します。

未来産業学部

新文明の源流を創造するチャレンジャーとなる

未来産業の基礎となる理系科目を幅広く修得し、
新たな産業を起こす創造力と企業家精神を磨き、
未来文明の源流を開拓します。

校舎棟の正面

学生寮

体育館

住所 〒299-4325 千葉県長生郡長生村一松丙 4427-1
TEL.0475-32-7770

Noblesse《ノーブレス》 Oblige《オブリージ》

「高貴なる義務」を果たす、
「真のエリート」を目指せ。

幸福の科学学園
中学校・高等学校（那須本校）

Happy Science Academy Junior and Senior High School

私は、
教育が人間を創ると
信じている一人である。
若い人たちに、
夢とロマンと、精進、
勇気の大切さを伝えたい。
この国を、全世界を、
ユートピアに変えていく力を
出してもらいたいのだ。

（幸福の科学学園 創立記念碑より）

幸福の科学学園 創立者
大川隆法

幸福の科学学園（那須本校）は、幸福の科学の教育理念のもとにつくられた、男女共学、全寮制の中学校・高等学校です。自由闊達な校風のもと、「高度な知性」と「徳育」を融合させ、社会に貢献するリーダーの養成を目指しており、2015年4月には開校五周年を迎えます。

Noblesse《ノーブレス》 Oblige《オブリージ》

「高貴なる義務」を果たす、
「真のエリート」を目指せ。

幸福の科学学園
関西中学校・高等学校

Happy Science Academy Kansai Junior and Senior High School

私は日本に
真のエリート校を創り、
世界の模範としたい
という気概に満ちている。
『幸福の科学学園』は、
私の『希望』であり、
『宝』でもある。
世界を変えていく、
多才かつ多彩な人材が、
今後、数限りなく
輩出されていくことだろう。
（幸福の科学学園関西校 創立記念碑より）

幸福の科学学園 創立者
大川隆法

滋賀県大津市、美しい琵琶湖の西岸に建つ幸福の科学学園（関西校）は、男女共学、通学も入寮も可能な中学校・高等学校です。発展・繁栄を校風とし、宗教教育や企業家教育を通して、学力と企業家精神、徳力を備えた、未来の世界に責任を持つ「世界のリーダー」を輩出することを目指しています。

幸福の科学学園・教育の特色

「徳ある英才」の創造

教科「宗教」で真理を学び、行事や部活動、寮を含めた学校生活全体で実修して、ノーブレス・オブリージ(高貴なる義務)を果たす「徳ある英才」を育てていきます。

体育祭

天分を伸ばす「創造性教育」

教科「探究創造」で、偉人学習に力を入れると共に、日本文化や国際コミュニケーションなどの教養教育を施すことで、各自が自分の使命・理想像を発見できるよう導きます。さらに高大連携教育で、知識のみならず、知識の応用能力も磨き、企業家精神も養成します。芸術面にも力を入れます。

探究創造科発表会

一人ひとりの進度に合わせた「きめ細やかな進学指導」

熱意溢れる上質の授業をベースに、一人ひとりの強みと弱みを分析して対策を立てます。強みを伸ばす「特別講習」や、弱点を分かるところまでさかのぼって克服する「補講」や「個別指導」で、第一志望に合格する進学指導を実現します。

授業の様子

自立心と友情を育てる「寮制」

寮は、真なる自立を促し、信じ合える仲間をつくる場です。親元を離れ、団体生活を送ることで、縦・横の関係を学び、力強い自立心と友情、社会性を養います。

毎朝夕のお祈りの時間

幸福の科学学園の進学指導

1 英数先行型授業

受験に大切な英語と数学を特に重視。「わかる」（解法理解）まで教え、「できる」（解法応用）、「点がとれる」（スピード訓練）まで繰り返し演習しながら、高校三年間の内容を高校二年までにマスター。高校二年からの文理別科目も余裕で仕上げられる効率的学習設計です。

授業の様子

2 習熟度別授業

英語・数学は、中学一年から習熟度別クラス編成による授業を実施。生徒のレベルに応じてきめ細やかに指導します。各教科ごとに作成された学習計画と、合格までのロードマップに基づいて、大学受験に向けた学力強化を図ります。

3 基礎力強化の補講と個別指導

基礎レベルの強化が必要な生徒には、放課後や夕食後の時間に、英数中心の補講を実施。特に数学においては、授業の中で行われる確認テストで合格に満たない場合は、できるまで徹底した補講を行います。さらに、カフェテリアなどでの質疑対応の形で個別指導も行います。

4 特別講習

夏期・冬期の休業中には、中学一年から高校二年まで、特別講習を実施。中学生は国・数・英の三教科を中心に、高校一年からは五教科でそれぞれ実力別に分けた講座を開講し、実力養成を図ります。高校二年からは、春期講習会も実施し、大学受験に向けて、より強化します。

詳しい内容、パンフレット、募集要項のお申し込みは下記まで。

幸福の科学学園 関西中学校・高等学校

〒520-0248
滋賀県大津市仰木の里東2-16-1
TEL.077-573-7774
FAX.077-573-7775
[公式サイト]
www.kansai.happy-science.ac.jp
[お問い合わせ]
info-kansai@happy-science.ac.jp

幸福の科学学園 中学校・高等学校

〒329-3434
栃木県那須郡那須町梁瀬 487-1
TEL.0287-75-7777
FAX.0287-75-7779
[公式サイト]
www.happy-science.ac.jp
[お問い合わせ]
info-js@happy-science.ac.jp

仏法真理塾

サクセスNo.1

未来の菩薩を育て、仏国土ユートピアを目指す！

仏法真理塾「サクセスNo.1」とは

宗教法人幸福の科学による信仰教育の機関です。信仰教育・徳育にウエイトを置きつつ、将来、社会人として活躍するための学力養成にも力を注いでいます。

サクセスNo.1 東京本校（戸越精舎内）

「サクセスNo.1」のねらいには、「仏法真理と子どもの教育面での成長とを一体化させる」ということが根本にあるのです。

大川隆法総裁　御法話『サクセスNo.1』の精神」より

エンゼルプランV

信仰教育をベースに、知育や創造活動も行っています。

信仰に基づいて、幼児の心を豊かに育む情操教育を行っています。また、知育や創造活動を通して、ひとりひとりの子どもの個性を大切に伸ばします。お母さんたちの心の交流の場ともなっています。

TEL 03-5750-0757　FAX 03-5750-0767
メール angel-plan-v@kofuku-no-kagaku.or.jp

ネバー・マインド

不登校の子どもたちを支援するスクール。

「ネバー・マインド」とは、幸福の科学グループの不登校児支援スクールです。「信仰教育」と「学業支援」「体力増強」を柱に、合宿をはじめとするさまざまなプログラムで、再登校へのチャレンジと、進路先の受験対策指導、生活リズムの改善、心の通う仲間づくりを応援します。

TEL 03-5750-1741　FAX 03-5750-0734
メール nevermind@happy-science.org

ユー・アー・エンゼル！（あなたは天使！）運動

障害児の不安や悩みに取り組み、ご両親を励まし、勇気づける、障害児支援のボランティア運動です。学生や経験豊富なボランティアを中心に、全国各地で、障害児向けの信仰教育を行っています。保護者向けには、交流会や、医療者・特別支援教育者による勉強会、メール相談を行っています。

TEL 03-5750-1741　FAX 03-5750-0734
メール you-are-angel@happy-science.org

シニア・プラン21

生涯反省で人生を再生・新生し、希望に満ちた生涯現役人生を生きる仏法真理道場です。週1回、開催される研修には、年齢を問わず、多くの方が参加しています。現在、全国8カ所（東京、名古屋、大阪、福岡、新潟、仙台、札幌、千葉）で開校中です。

東京校 TEL 03-6384-0778　FAX 03-6384-0779
メール senior-plan@kofuku-no-kagaku.or.jp